Título de la obra en inglés:
The Survival Guide for Kids with LD*
(Learning Differences).

© Copyright 1990 by Gary L. Fisher Rhoda W. Cummings
Publicado por Free Spirit Publishing Inc.

COORDINACIÓN EDITORIAL: Gilda Moreno Manzur
ILUSTRACIONES: Alfonso Orvañanos

© 2000 Editorial Pax México,
       Librería Carlos Césarman, S.A.
       Av. Cuauhtémoc 1430
       Col. Sta. Cruz Atoyac
       México, D.F. 03310
       Tel.: 5605 · 7677
       Fax: 5605 · 7600
       e-mail: editorialpax@mexis.com

Segunda edición
Primera reimpresión
ISBN 968-860-453-4
Reservados todos los derechos
Impreso en Colombia/*Printed in Colombia*

Supera tus dificultades de aprendizaje

¡Tú Puedes!

Rhoda Cummings   Gary Fisher

Dedicatoria

Este libro es para todos los niños con DA con quienes
hemos trabajado.

Conoce a los autores

¡Hola! Soy Gary Fisher. Estudié la especialidad en DA* durante años en la universidad y he escrito mucho acerca del tema. Algo muy importante para mí es haber trabajado con más de mil niños con DA. Algunos de ellos me conocen como el doctor Fisher, el psicólogo de su escuela. Durante los últimos seis años he vivido en Truckee, California, y doy clases en la Universidad de Nevada en Reno. Asimismo, ayudo a orientadores y psicólogos escolares a aprender a trabajar con todo tipo de niños, incluyendo a quienes tienen DA.

¡Hola! Mi nombre es Rhoda Cummings. Estudié educación especial en la universidad y actualmente doy clases de la misma materia en la Universidad de Nevada en Reno. Antes enseñaba inglés y ciencias sociales en una secundaria. Tengo un hijo de 24 años con DA, llamado Carter. Él vive en Reno, en su departamento, maneja su propio auto y tiene un empleo de tiempo completo. Yo he escrito libros para maestros y padres acerca de niños con DA. Pero éste es el primero que escribo especialmente para chicos con DA.

---

* DA = Dificultades en el Aprendizaje

Índice

INTRODUCCIÓN

- ¿Tienes problemas con el trabajo escolar aun cuando crees ser listo?

- ¿Intentas escuchar a tu maestro, pero no puedes concentrarte por los otros ruidos del salón?

- ¿Te es difícil entender instrucciones que te dan en la escuela?

- ¿Te sucede en ocasiones que cuando te despiertas, en lugar de ir a la escuela quisieras quedarte en la cama bajo las cobijas?

- ¿Te gustaría tener tantos amigos como tus compañeros, pero simplemente no sabes qué decir y hacer para lograrlo?

- ¿Quisieras que tus padres te dejaran hacer lo que quieres en lugar de obligarte a hacer tu tarea durante mucho tiempo?

- ¿Te sientes diferente, como si no supieras a dónde perteneces?

- ¿Sientes que estás completamente solo en el mundo y que nadie te comprende en realidad... ni siquiera tú mismo?

Si tu respuesta fue SÍ a cualquiera de estas preguntas, este libro es para ti.

¿Qué significa DA?

¿Qué significa DA? Una buena pregunta. Algunas personas dicen que significa "dificultades para el aprendizaje". Otras, que significa "diferencias de aprendizaje".

Nosotros no podemos decidir lo que significa para todos, pero sí lo que es para nosotros. Por lo tanto, cuando decimos DA, queremos decir "diferencias en el aprendizaje".

Cada persona aprende a su manera. Algunos niños aprenden a leer a los 4 años. Otros tienen siempre dificultades para hacerlo. Incluso los niños que leen muy bien pueden tener dificultades de aprendizaje en otra área, como las matemáticas.

Algunos estudiantes tienen dificultades con todas las áreas de trabajo escolar pero pueden ser muy buenos para otras cosas como los juegos de video, la construcción de modelos a escala o el trabajo de jardinería.

El que algunos niños tengan dificultades para aprender no quiere decir que sean tontos. Significa que aprenden en formas diferentes a los demás niños.

Para muchas personas DA significa "dificultades de aprendizaje". Según ellos, una persona con DA tiene "dificultades para aprender".

Pero, para otros, DA significa "diferente aprendizaje". Según ellos, una persona con DA tiene "diferencias en el aprendizaje".

Gary nos cuenta: "En una ocasión apliqué pruebas a un niño de 7 años, quien estudiaba segundo año de primaria y parecía muy listo. Pero las pruebas mostraron que tenía DA. Intenté explicarle qué significa eso. Al terminar, el niño me miró y, con lágrimas en los ojos, preguntó: 'Pero, ¿por qué no puedo aprender a leer?' ".

Por esta razón escribimos este libro. Porque queremos contestar preguntas como esa en una forma que todos los niños comprendan. También deseamos ayudar a chicos con DA para resolver sus dudas acerca de la escuela, los amigos y el futuro.

Pero, más que nada, queremos ayudarte a darte cuenta de que no estás solo.

Qué es lo que DA no significa

Quizá sea difícil definir con exactitud lo que significa DA pero todos estamos de acuerdo en lo que *No* significa:

NO SIGNIFICA

- que seas retrasado
- que seas tonto
- que seas flojo
- que cuando crezcas vayas a tener un empleo mal pagado

Tal vez quisieras no tener DA, pero tampoco permitas que ello te impida convertirte en la mejor persona que te sea posible.

De hecho, quizá te sorprenda descubrir que muchos de tus problemas mejorarán al terminar la escuela.

Rhoda nos comenta: "Carter, mi hijo, tiene DA. Hace años que terminó la escuela y recientemente le pregunté qué sentía por ello. Me contestó: 'No lo sé, pues ya no voy a la escuela' ".

En este libro encontrarás respuestas a:
1. ¿Por qué a los niños con DA se les dificulta aprender?
2. ¿Qué pueden hacer para superar esa dificultad?
3. ¿Son retrasados los niños con DA?
4. ¿Por qué los niños con DA la pasan mal en la escuela?
5. ¿Por qué los demás niños no entienden a los niños con DA?
6. ¿Qué les sucede a los niños con DA cuando crecen?

Este libro no hará desaparecer todas tus dificultades, pero creemos que puede ayudarte a comprenderte mejor. Puede darte ideas sobre cómo sentirte mejor en la escuela y ayudar a prepararte para el futuro.

Quizá quieras escribirnos al terminar de leer este libro. Nos dará mucho gusto saber de ti y si pudimos ayudarte. También puedes hacernos sugerencias para mejorarlo.

Los seis grandes problemas que enfrentan los niños con DA

Muchos niños con DA nos han hablado de sus problemas. Éstas son las seis cosas que más les molestan.

1
Nadie nos explica con precisión qué es DA y dedicamos bastante tiempo a preocuparnos por lo que tenemos.

2
En la escuela nos sentimos confundidos porque no sabemos qué se supone debemos hacer.

3
A menudo nuestros padres, maestros y los demás niños son impacientes con nosotros.

4
No tenemos muchos amigos.

5
Los niños frecuentemente se burlan de nosotros y nos metemos en problemas.

6
No nos gusta que nos llamen retrasados o tontos.

1 ¿POR QUÉ ALGUNAS PERSONAS TIENEN DA?

No todas las personas con DA son iguales. Algunas sólo tienen unas cuantas dificultades para el aprendizaje. Otras son muy buenas para leer pero no en las matemáticas. Muchos tienen dificultades para aprender cualquier cosa, trátese de escritura, matemáticas, lectura u ortografía. Incluso las pueden tener para aprender a hacer amigos.

Gary comenta: "Una vez trabajé con un chico llamado Carlos*, un niño muy brillante con DA que tenía serias dificultades con la ortografía. Sin embargo, al empezar a estudiar la secundaria, Carlos se convirtió en el mejor estudiante de matemáticas de toda la escuela".

Gary también nos cuenta: "En otra ocasión trabajé con una niña llamada Sara, de ocho años de edad. Sara tenía di-

---

* Carlos no es el nombre verdadero del estudiante con quien Gary trabajó. En este libro no usamos los nombres reales de las personas que conocemos. Les inventamos nombres para proteger su privacía.

ficultades para aprender a hacer sumas sencillas, pero leía muy bien. Entonces descubrí que tenía DA".

Nadie sabe con exactitud todo acerca de las diferencias para el aprendizaje. No sabemos por qué existen tantas. Y no siempre sabemos por qué algunas personas las tienen y otras no. Puede haber varias razones.

ÉSTAS PODRÍAN SER ALGUNAS DE LAS RAZONES PARA TENER DA

1. *Algunos niños aprenden menos que otros antes de entrar a la escuela.*

Hay algunos niños que aprenden a leer, escribir o hacer operaciones aritméticas mucho antes de iniciar la escuela, cuando apenas tienen cuatro o cinco años.

Otros niños no aprenden tanto antes de entrar a la escuela. Se atrasan desde el principio y necesitan nivelarse, lo cual puede resultar difícil.

2. *Algunos tienen dificultades para aprender desde el principio.*

Quizá les resulte difícil aprender a atrapar una pelota, no salirse de las líneas al colorear o entender las reglas de un juego. Tal vez tengan dificultades para aprender a hablar y para comprender lo que otra gente dice.

Cuando estos niños entran a la escuela, las cosas empeoran. Porque, de pronto, se espera que lean, escriban y aprendan matemáticas. Pero no entienden cómo se hacen estas cosas. A otros se les dificulta recordar números y letras. Incluso agarrar el lápiz y escribir.

Tal vez recuerdes haber tenido algunos de estos problemas. ¿Te sentiste mal por no poder hacer las cosas tan bien como los demás niños? ¿Te parecían tareas sumamente difíciles lo que para otros chicos era divertido?

3. *Algunas veces parece que las dificultades para aprender son cosa de familia.*

Si los niños tienen tías, tíos o padres con DA, ellos también podrían tenerlas. Pero hay mucha gente que parece ser la única persona de su familia con DA.

4. *Algunos niños con DA tuvieron problemas cuando eran bebés.*

Incluso antes de nacer. Quizá su madre estuvo enferma. O tuvieron dificultades al nacer. Tal vez enfermaron seriamente después de su nacimiento.

Algunas personas creen que estas cosas podrían causar DA. Pero nadie está seguro.

Entonces, parece haber muchas razones por las que algunas personas tienen DA. Hasta saber más al respecto, esto es lo mejor que podemos decir: algunos niños simplemente tienen dificultades para aprender. Y nadie sabe exactamente por qué.

Cómo podrían enterarse los adultos de que un niño tiene DA

Los estudiantes con dificultades para aprender, en ocasiones se atrasan mucho y piden ayuda a su maestra o maestro, quien acude a la directora o la persona encargada.

Si sus papás están de acuerdo, se les aplican algunas pruebas que puedan ayudar a determinar si tienen DA. Si es así, quizás empiecen a obtener ayuda extra o clases especiales.

Es posible que algunos de estos niños se nivelen con los demás y ya no necesiten clases especiales. Sin embargo, la mayoría de los niños con DA siempre requerirán ayuda específica. Quizá siempre tengan que aprender en forma dife-

rente, incluso al terminar la escuela. Probablemente esto se deba a que escuchan y ven las cosas de manera diferente a los demás.

¿Ves y escuchas diferente? Si deseas enterarte, contesta estas preguntas.

1. Cuando alguien dice un chiste, ¿me río en el momento inadecuado o no me parece divertido?

2. Cuando mi maestra da instrucciones, ¿recuerdo sólo parte de ellas?

3. Cuando intento leer, ¿me parece que las letras se mueven por toda la página?

4. ¿Me es difícil escuchar a mi maestra porque oigo otros sonidos, como el zumbido de la luz o la caída de lápices?

¿Eres un chico con DA? ¿Por qué lo crees así?

Probablemente tu problema desaparezca. Quizá no. Continúa leyendo y averígualo.

2 ¿POR QUÉ LES RESULTA DIFÍCIL APRENDER A LOS NIÑOS CON DA?

¿Por qué a los niños con DA se les dificulta aprender? Para ayudarte a entenderlo, hablemos de tus oídos y tus ojos.

Cómo funcionan tus oídos

El sonido viaja por el aire en ondas sonoras, que son parecidas a las ondas u olas que ves en el mar. Pero éstas no se ven, sólo se escuchan.

Tus oídos son máquinas que escuchan las ondas sonoras. Éstas entran en los oídos, que tienen un tambor y unos huesecillos que pueden cambiarlas y de hecho las cambian a

señales especiales que el cerebro pueda entender. Así el sonido logra viajar al cerebro.

Por ejemplo, digamos que un perro ladra. El ladrido
viaja a tu oído en ondas sonoras, las cuales avanzan a través
de él hacia el cerebro. Éste te dice que el sonido es un ladrido.

En otros casos, lo que sucede con algunos niños con
DA es que el cerebro no entiende lo que los oídos le envían.
Un perro ladra y las ondas sonoras llegan al oído. Pero el cerebro "oye" otra cosa; o tal vez no pueda decir que el sonido
provino del perro.

Esto es lo que R.J. nos dice acerca de tener DA:

"No puedo oír ni escribir bien. Algunas veces se me dificulta encontrar la respuesta correcta. Es difícil aprender."

R.J., 11 años

Cómo funcionan tus ojos

Tus ojos captan cualquier cosa que mires. Lo mismo que tus oídos, tienen una forma especial de enviar al cerebro lo que captan. El cerebro tiene la tarea de ayudarte a comprender lo que ves.

Digamos que miras la palabra LEE. Lógicamente, tus ojos ven las letras L E E. Si tu visión es buena, las verás con claridad. Tus ojos envían las tres letras a tu cerebro. Entonces éste debe decidir que estas tres letras conforman la palabra LEE. Probablemente empieces a pensar en un niño que lee un libro.

En el caso de otros niños con DA, los ojos pueden ver la palabra LEE, pero ésta nunca llega al cerebro. En su lugar, el niño ve otra cosa. Quizá las letras se muevan por toda la página o se confundan en una forma extraña.

Alicia, una de las alumnas de Rhoda con DA, dice que le es difícil leer, porque las letras continuamente saltan fuera de la hoja.

¿Tienes problemas para leer? Quizá se deba a que tu cerebro no te proporciona las palabras correctas. Tus ojos están bien, funcionan igual que los demás. Pero tu cerebro "ve" las palabras de manera diferente.

Cómo aprender, aunque tu cerebro funcione diferente

Cuando un cerebro funciona en forma diferente se pueden presentar otros problemas.

Ciertos niños con DA no tienen sentido del tiempo. Otros no mantienen un buen equilibrio corporal. Algunos no pueden entender lo que los demás desean o sienten. Y otros parecen ver y oír simultáneamente todo lo que sucede. Por esta razón les resulta difícil prestar atención a una cosa a la vez.

¿Cómo puedes aprender si tu cerebro funciona en forma diferente? Los maestros y espcialistas pueden ayudarte. Si tienes dificultad para leer, quizá puedas "escuchar los libros" en una cinta grabada. Si lees pero no entiendes lo que tus maestros o padres te dicen, tal vez puedan escribirte las cosas. ¡Hay muchas maneras diferentes de aprender!

Si no entiendes lo que oyes o ves, díselo a tus maestros. Pídeles que te ayuden a encontrar otras formas de aprender. Entonces podrás aprender lo mismo que los demás niños, sólo que lo harás a tu manera.

Otras maneras de aprender

Aquí te presentamos algunas ideas para aprender de manera diferente. Tu maestra puede ayudarte a pensar en más.

- Pide ayuda a un amigo.
- Dibuja el contorno de las palabras nuevas con los dedos conforme las leas.
- Haz un marco con una tira de papel y ponlo sobre las palabras al leer.
- Intenta leer en voz alta.
- Haz un esquema o dibujo en lugar de escribir un reporte (pero primero pide la autorización de tu maestro).
- Pide a tu maestro que ponga menos problemas de matemáticas en una página. Tal vez 5 en 4 páginas en lugar de 20 en una.
- Utiliza palillos de madera, monedas u otros objetos para practicar sumas y restas.
- Escribe los problemas de matemáticas en papel de cuadrícula grande para alinearlos bien.
- Aprende a usar una computadora para escribir.

RECUERDA: SI NECESITAS AYUDA, ¡PÍDELA!

Pide ayuda a tus maestros y a tus padres. No te lo calles.

En las páginas 106 a 109 de este libro te damos una lista de cosas que pueden ayudarte a aprender. Muéstrasela a tus maestros y padres.

3 CONOCE LOS CINCO TIPOS DE DA

Ahora ya sabes un poco más del por qué algunas personas tienen DA. Y por qué a ciertos niños les resulta difícil aprender.

Pero, ¿sabías que existen cinco tipos diferentes de DA? Leer sobre ellos te ayudará a entenderlos más. También te hablaremos de algunos chicos que conocemos que tienen estos tipos de DA.

1. Dificultades con las tareas escolares

Los niños con este tipo de DA tienen dificultades para aprender a leer, escribir o hacer operaciones matemáticas. Tal vez hagan bien una de estas cosas y las otras no; pero son buenos en áreas como el arte, los deportes, la reparación de aparatos o para hacer amigos.

Rhoda nos cuenta: "Una vez tuve un alumno llamado Javier. Era alto, guapo y tenía muchos amigos, especialmente del sexo femenino. Jugaba fútbol, béisbol; era uno de los chicos más populares de la escuela. Su único problema era que no sabía leer. Como era listo, Javier descubrió otras maneras de aprender escuchando u observando ilustraciones. Ahora, ha terminado la preparatoria y es un vendedor de éxito".

Las dificultades con las tareas escolares se conocen como:
Dificultades específicas para el aprendizaje

2. Dificultades para hablar y escuchar

Los niños con este tipo de DA tienen buenas ideas, pero no encuentran las palabras correctas para expresárselas a los demás.

Oyen a otras personas decir palabras, pero les resulta difícil entenderlas. Por lo que algunas veces la gente cree que no están prestando atención o no escuchan.

Los niños con este tipo de DA pueden pedir a los demás que les repitan las cosas; pero la gente se molesta o se ríe de ellos.

Conocemos a un chico con DA llamado Saúl. Un día su maestra de historia les habló de las diferentes puntas de las flechas con que se tira al blanco. Cuando pidió a los alumnos que las nombraran, Saúl levantó la mano y dijo: "La primera es la punta del pie". Obviamente todos los niños rieron; Saúl también lo hizo, pero sin saber qué había dicho que pareciera ser tan chistoso.

Las dificultades para hablar y escuchar se conocen como:
Deficiencias de audición y lenguaje

3. Dificultades para prestar atención

Hay niños que tienen dificultades para prestar atención, pues tienen muchas ideas en la cabeza. El maestro habla y lo que dice les recuerda otra cosa. También escuchan los demás ruidos del salón. No pueden detener el paso a las ideas y terminan pensando en muchas cosas diferentes a la vez.

María Elisa es una amiga nuestra con DA. Una vez viajaba con Rhoda en el auto de ésta. Otros tres chicos las acompañaban en el asiento de atrás, conversando. María Elisa, sentada en el asiento de adelante, intentaba contarle a Rhoda sobre su nueva mascota. Cada vez que empezaba su historia, se detenía y escuchaba lo que los otros chicos decían. Esto se repitió en cuatro ocasiones. Finalmente, Rhoda pidió a los ocupantes del asiento trasero que dejaran de hablar. Y María Elisa pudo terminar su historia sobre su cachorrito.

Las dificultades para prestar atención se conocen como:
Desórdenes en la atención

4. Dificultades para moverse

Muchos niños con DA se mueven lentamente. No pueden sostener bien un lápiz o una crayola. Es difícil entender su letra y en ocasiones reciben calificaciones bajas porque su trabajo parece descuidado. Algunos no son buenos para juegos y deportes, y quizá sean los últimos elegidos para formar parte de un equipo. Otros chicos llegan a burlarse de ellos y los llaman torpes.

Conocemos a un niño con DA llamado Julio, quien recientemente aprendió a escribir en computadora. Está muy emocionado porque siempre recibió malas calificaciones por entregar trabajos mal hechos y con agujeros por tantos borrones. Actualmente puede corregir sus errores en la computadora y entregar trabajos limpios y ordenados.

Las dificultades para moverse se conocen como:
Deficiencia motora

5. Dificultades para percibir sentimientos

Unos cuantos chicos con DA tienen dificultad para entender cómo se sienten otras personas.

A menudo con sus acciones la gente muestra cómo se siente. Envía "señales" con su cuerpo, voz y palabras. Para la mayoría, fruncir el ceño es "señal" de infelicidad. Una voz enojada significa: "¡Cuidado!"

Los niños con este tipo de DA no perciben estas "señales". No son capaces de entender cómo se sienten los demás.

Rhoda nos cuenta: "Cuando mi hijo Carter tenía diez años, en una ocasión esperábamos para pagar en la tienda de abarrotes. Frente a nosotros se encontraba una mujer bastante gorda. Carter la miró y en voz muy alta me preguntó si la señora iba a tener un bebé. Yo fruncí el ceño y sacudí la cabeza diciendo 'no', con lo cual quería indicarle que se callara. Pero él no entendió y me hizo la misma pregunta ¡en voz aún más alta!".

Las dificultades para percibir los sentimientos se conocen como:
Trastornos de la conducta

¿Qué tipo de DA crees que tienes?

¿Crees tener más de uno?

4 DA EN ESTADOS UNIDOS

Cómo se bautizó a las dificultades en el aprendizaje

Hace muchos años, nadie decía: "Esa persona tiene DA". Pero aun entonces, algunos chicos listos tenían dificultades para aprender. Sus padres deseaban ayudarles, pues sabían que sus hijos eran listos y podían aprender. Querían que los maestros y otras personas pensaran en distintas alternativas para ayudarlos.

Los padres comenzaron a hablar con los maestros y directores de escuelas. Pronto algunos se enteraron de la existencia de los demás y comenzaron a trabajar unidos.

Finalmente, en 1963, en la ciudad de Chicago hubo una gran reunión de padres, quienes decidieron llamar "DA" a las dificultades para aprender de sus hijos. Y formaron un grupo al que llamaron LDA*.

LDA quería informar a los demás el significado de DA. Y también deseaba encontrar la manera de decidir quién lo tenía y quién no.

La tarea fue difícil. Pero finalmente decidieron que "ser débil mental" y "tener DA" no es lo mismo. Los débiles mentales no pueden ser llamados "personas con DA" y viceversa. Porque las personas con DA son tan listas como los demás, sólo que aprenden en forma diferente.

Débil mental
significa:
"lento para aprender e incapaz de aprender muchas
cosas".

Las personas con debilidad mental no pueden aprender muchas cosas. Quienes tienen DA sí *pueden*, aunque deban hacerlo en forma diferente. Incluso algunos son muy listos, hasta superdotados.

¿Alguna vez pensaste que eras débil mental?
Ahora ya sabes que no lo eres.
Lo cierto es que tienes **diferencias**
en el aprendizaje.

Esto no significa que la escuela vaya a resultar fácil para ti. Debes entender que *puedes* aprender. Cuán fácil o cuán difícil resulte depende de TI, de tus padres y tus maestros.

La buena noticia es que eres **tan listo** como los demás niños. ¡Puedes aprender lo mismo que ellos!

---

* LDA son las siglas de "Learning Disabilities Association", un grupo de niños y adultos con DA, con sucursales en varias áreas del país. La dirección es: LDA, 4156 Library Road, Pittsburgh, PA 15234, Tel. (412) 341-1515.

La clave es recordar esto: tú aprendes en forma diferente. Encuéntrala. ¡Entonces podrás aprender!

CÓMO SE INICIARON LOS SALONES DA

Varias cosas sucedieron después de la primera reunión de LDA. Muchas personas se enteraron de qué era DA. Los maestros que deseaban ayudar a los niños con DA escribieron sobre métodos especiales de enseñanza. Y las escuelas formaron salones especiales para estos niños.

Por lo general, estos grupos contaban con muy pocos alumnos, cinco o seis, y un maestro. Con métodos especiales el maestro ayudaba a los chicos con DA a aprender.

Los psicólogos, por su parte, desarrollaron pruebas que los ayudaran a descubrir quién tenía DA y quién no. Las pruebas se aplicaban a estudiantes cuyos maestros pensaban que podrían tener DA. Si el psicólogo determinaba que así era, el alumno era asignado al salón DA.

Psicólogo
significa:
"una persona que estudia la mente y la forma en que funciona". *Los psicólogos saben cómo aplicar pruebas para determinar si un estudiante tiene DA. También pueden ayudar a los niños con DA a encontrar formas de aprender.*

UNA LEY PARA ESTUDIANTES CON NECESIDADES ESPECIALES

Sin embargo, algunas veces se colocaba a los alumnos en clases DA por error. Tal vez aprendían en forma diferente porque hablaban un idioma diferente. Quizá, porque eran de otra raza o tenían antecedentes distintos. Por este motivo muchos comenzaron a preguntarse si en realidad estos chicos debían asistir a clases DA.

Finalmente, algunos padres acudieron a la corte y pidieron al juez que decidiera si era correcto que los niños asistieran a clases DA, sólo porque hablaran otro idioma o porque obtuvieran una baja calificación en una prueba.

El juez escuchó a los padres. Se elaboraron nuevas leyes para impedir que los niños asistieran a clases DA o cualquier otro tipo especial, por error.

La más importante de estas nuevas leyes, la Ley Pública 94-142* se emitió en 1975. Era importante por muchas razones, porque decía:

- que a todos los niños, independientemente de las dificultades que tuvieran, debe permitírseles asistir a la escuela.
- que a todos los niños debe enseñárseles en el tipo de clase apropiado para ayudarles a aprender.

---

* La Ley Pública 94-142 se llama también "La ley de 1975 para todos los niños minusválidos".

- que ningún estudiante sería colocado en un grupo especial simplemente porque recibiera una calificación baja en una prueba.

LO QUE LA LEY REPRESENTÓ PARA LOS ESTUDIANTES CON DA

Después de emitirse la ley mencionada, muchos alumnos con DA fueron asignados a grupos regulares, de los cuales salían para acudir a un sitio llamado "salón de apoyo". Ahí, el maestro se encargaba de ayudarlos con los trabajos que realizaban regularmente en su grupo original.

———

Salón de apoyo
significa:
"un grupo al que los estudiantes con necesidades especiales asisten parte del día para recibir ayuda especial para sus tareas escolares".

———

Mucha gente consideró que ésta era una mejor idea. Pensaban que a los niños con DA les gustaría asistir a clases con niños que no lo tuvieran. Al traslado de los niños con DA a su grupo original se le llamó "integración".

*Integración
significa:*
"regresar a los estudiantes con necesidades especiales (incluyendo DA) a los salones regulares durante todo el turno o parte de él".

En principio esta integración fue buena para muchos niños con DA, que asistían a un grupo regular y obtenían ayuda en el salón de apoyo. Sin embargo, no lo fue para TODOS los niños con DA, porque algunos necesitaban estar en grupos más pequeños y contar todo el tiempo con métodos especiales para aprender a leer, escribir y matemáticas.

La historia de Tomás

Tomás tiene 10 años y asiste a un salón de apoyo una hora diaria. Tiene muchos amigos sin DA. Lee con dificultad, pero es bueno en matemáticas y le gusta jugar fútbol soccer. Su maestro del salón de apoyo le ayuda con la lectura.

La historia de Sandra

Sandra tiene la misma edad que Tomás. Es difícil entenderla cuando habla. También tiene dificultades con todas sus tareas escolares. Cuando acudía a un salón regular, los niños se burlaban de ella y le decían cosas como: "Hablas muy raro".

Dado que necesita más ayuda en la escuela que Tomás, Sandra asiste a un grupo especial todo el día, en donde la ayudan con todas sus tareas. Si la ayuda es buena, quizá en el futuro asista a algunas clases en un salón regular.

El trabajo de un maestro DA va más allá que el solo hecho de ayudar a los niños con sus tareas escolares, pues también ayuda a los alumnos a escuchar, hablar y escribir mejor, incluso hacer amigos más fácilmente. Conforme los niños con DA aprenden a hacer estas cosas, ya pueden empezar a pasar menos tiempo con el maestro especializado y más en un salón regular.

Para muchos niños con DA, el salón de apoyo es un sitio tranquilo en el que es más fácil prestar atención y donde siempre está bien tener diferencias de aprendizaje.

LA ENTRADA A UN PROGRAMA DA

La ley de la que te hemos hablado dice que a *todos* los niños, independientemente de los tipos de dificultades que tuvieran, debe permitírseles asistir a la escuela y que a *todos* debe enseñárseles en el tipo de grupo apropiado para ayudarles a aprender.

Esto incluye también a los chicos con DA. Los padres de la LDA se aseguraron de que la ley no dejara fuera a sus hijos.

Los niños con DA no son los únicos con necesidades especiales. De hecho, la ley habla de cuatro tipos de niños con ellas, a los que también se les proporciona ayuda. Pero más niños con DA acuden a clases especiales. ¿Por qué? Lógicamente, porque hay más niños con DA que niños con otras necesidades especiales.

Cuatro tipos de niños con necesidades especiales

1. Deficiencia emocional

significa: "tener dificultades con la manera en que uno se comporta o siente".

Todos los niños tienen algunas dificultades para comportarse adecuadamente en la escuela o sueñan despiertos. Pero los que tienen específicamente estas dificultades necesitan ayuda especial todo el tiempo. Los niños con deficiencia emocional, o bien nacieron así, o provienen de familias que tienen lo mismo.

2. Deficiencia mental

significa: "lentitud e incapacidad de aprender muchas cosas".

3. Dificultades para el aprendizaje (DA)

significa: "tener dificultades para aprender y necesitar aprender las cosas en una forma diferente, aunque se sea tan inteligente como los otros niños".

4. Minusválidos física o sensorialmente

significa: "estar limitado, como permanecer en una silla de ruedas, ser ciego o sordo".

A todos los niños con necesidades especiales se les llama "minusválidos", según la ley. Esto incluye a los niños con deficiencia emocional, mental o con DA.

CÓMO FUNCIONA LA LEY

La ley dice a tu escuela cómo determinar quién tiene DA y quién puede acudir a las clases DA. Esto puede ocurrir en forma ligeramente diferente con cada estudiante.

La historia de Guillermo

Cuando Guillermo tenía nueve años, su mamá lo llevó al médico porque el niño sufría de dolores estomacales. El médico no le encontró nada, por lo que preguntó a Guillermo si algo malo sucedía en la escuela o en su casa.

Al contestar el niño que la escuela no le gustaba, el médico le hizo algunas preguntas sobre las tareas escolares. Habló con la mamá para saber cómo era éste cuando era más chico.

El médico creía que Guillermo podría tener DA y sugirió a la mamá pedir al director de su escuela que lo evaluaran. El médico también habló con el director. Se aplicaron las pruebas a Guillermo, demostrando que tenía DA. Después de empezar a recibir ayuda del maestro especializado, los dolores estomacales desaparecieron.

La historia de Sonia

Cuando Sonia tenía diez años, su papá leyó un artículo sobre DA en una revista. Pensó que su hija tenía rasgos similares a los niños de los que en él se hablaba. Inmediatamente llamó a la maestra de Sonia para preguntarle cómo podría averiguar si la niña tenía DA. La maestra pensaba que simplemente era "lenta" pero se aseguró de que se le aplicaran las pruebas. Se descubrió que efectivamente tenía DA, y se le dio la ayuda que necesitaba para leer.

¿CÓMO ENTRASTE TÚ EN UN PROGRAMA DE DA?

Has leído las historias de Guillermo y de Sonia. Diferentes niños entran en programas DA en formas distintas, y por razones diferentes.

¿Cómo entraste *tú* en un programa especial? Quizá tu historia se parezca un poco a la siguiente.

Primero, es posible que tu maestra se haya dado cuenta de que tenías dificultades para aprender y haya enviado una nota a tus papás. En ella preguntaba si podría presentarte con otras personas de tu escuela e intentar ayudarte.

Si tus padres dieron su aprobación, entonces probablemente te llevaron a otro salón y te aplicaron unas pruebas.

¿Recuerdas las pruebas? Tal vez hiciste formas con bloques o las copiaste de tarjetas. Quizá repetiste números u ordenaste dibujos para contar un cuento. También te aplicaron pruebas de lectura, ortografía y matemáticas.

La persona que aplicó las pruebas pudo haber sido un psicólogo. Quizás otra persona te hizo pruebas de audición, para saber si oyes bien, y de la vista, para saber si ves bien. Tal vez otra persona haya acudido a tu grupo para observar cómo sigues las instrucciones, prestas atención y haces tus tareas. Quizá ni te enteraste de su presencia.

Después de hacer estas cosas, tu maestra y las personas que te evaluaron se reunieron para determinar si debías asistir a clases especiales.

La ley dice que no puedes asistir a clases DA si tienes deficiencia mental. No puedes tomarlas si tienes deficiencia emocional, si tienes deficiencias en la vista u oído, o si no has tenido oportunidad de aprender. Antes de que puedas asistir a clases DA, las pruebas deberán demostrar que eres capaz de aprender aunque ahora no lo estés haciendo.

Si tu maestra y tus evaluadores determinaron que debías recibir ayuda especial, se reunieron contigo y tus padres en una junta de PEI. El objetivo era decidir lo que debías aprender y cómo debería enseñársete. Juntos desarrollaron un plan adecuado especialmente para ti. Después, si tus padres dieron su aprobación, comenzaste a tomar clases DA.

PEI significa: "Programa de educación individualizada".

Es un plan desarrollado para un niño en el que se dice lo que éste aprenderá durante el año y cómo lo hará.

Por cada estudiante en clases DA se realiza una junta de PEI anual. En el transcurso de tres años cada uno de estos alumnos deberá ser evaluado nuevamente para ver si debe seguir tomando estas clases.

Quizá cuando te asignaron a las clases DA no creíste haber tenido suerte. Pero muchos chicos tienen dificultades para aprender y no se les permite asistir a estas clases. Por eso, en cierta forma, *tienes* suerte. Puedes obtener el tipo adecuado de ayuda, por lo que puedes aprender tanto más como sea posible.

━━━━━━

José nos comenta lo siguiente sobre su clase DA:
"En el salón DA recibo más ayuda que en el otro. Por eso voy. Cuando lo hago, los demás niños no se meten conmigo."

José, 10 años de edad

━━━━━━

5 QUÉ SE HACE EN MÉXICO PARA LOS NIÑOS CON DA

En México sucedía algo similar en cuanto a la forma en que se les llamaba a los niños con DA, ya que hace tiempo se les decía: "anormales", principalmente, por una clara influencia de la psiquiatría. Después se utilizaron términos como: "incapacitados", "disminuidos", "impedidos", "atípicos", "inadaptados", "excepcionales" y otros, que en muchas de las ocasiones, implicaban un juicio de valor y un sentido despectivo.

Pero a diferencia de lo que se hizo en EU, aquí en México las iniciativas para atender a los niños con DA o con *necesidades especiales** tienen ya una larga historia. La primera iniciativa corresponde a don Benito Juárez, quien en 1867 fundó la Escuela Nacional de Sordos con la participación de maestros y otros profesionales. De esta manera se fueron sumando esfuerzos para la atención de los niños con

---

* Acepción recientemente adoptada, en México, por la DGEE.

DA o con necesidades especiales hasta que en el año de 1970, cuando ya funcionaban escuelas que brindaban diferentes servicios, se crea la Dirección General de Educación Especial (DGEE).

A partir de entonces se decidió que a los niños con DA o con necesidades especiales, se les llamara "niños con dificultades en el aprendizaje" y se evitara la utilización del término que los maestros de grupo de primaria manejaban para denominar a los niños con dificultades para el aprendizaje: "niños problema". Esta decisión tiene también como objetivo impedir que a estos chicos se les margine y confunda con niños que tengan deficiencia mental, puesto que estos últimos no pueden aprender sin una intensa y constante ayuda por especialistas; además, no podrán lograr lo que un niño con dificultades en el aprendizaje: estudiar hasta una carrera técnica o profesional.

CÓMO RECIBIR UNA EDUCACIÓN ESPECIAL

En México, como se ha comentado, para evitar confusiones y marginaciones, la educación especial se reconoce como parte del sistema educativo nacional en el artículo 15 de la Ley Federal de Educación que tiene como fundamento los artículos 48 y 52 de la Ley de Educación referentes al derecho a la educación en general e implícitamente a la educación especial.

Los artículos 48 y 52, respectivamente, señalan:
- Que los habitantes del país tienen derecho a las mismas oportunidades de acceso al sistema educativo

nacional, *sin más limitaciones* que satisfacer los requisitos que establezcan las disposiciones relativas.

• Los derechos de quienes ejercen la patria potestad o la tutela para obtener la inscripción de sus hijos, menores de edad, para que reciban educación.

Lo que motivó el reconocimiento de la Educación Especial

Después de darse a conocer el contenido de estos artículos y la creación de la DGEE ante la problemática del alto índice de reprobación en las escuelas del país, se decidió que los niños con dificultades en el aprendizaje tuvieran la oportunidad de acudir, desde 1971, a un nuevo servicio escolar que se llamó "grupo integrado" y tiene como fin principal elevar la eficiencia del alumno en el nivel primario.

QUÉ ES UN GRUPO INTEGRADO

El grupo integrado es un servicio que proporciona la Secretaría de Educación Pública en sus instalaciones y en algunas escuelas que lo requieren. La atención de este grupo se dirige a los alumnos que presentan dificultades específicas en el proceso básico del aprendizaje de la lectura-escritura y (o) el cálculo elemental.

En cada grupo se deben reunir entre 18 y 20 niños. Éstos, a su vez, estarán dirigidos por un maestro capacitado por la DGEE, quien se encargará de aplicar el método adecuado para el funcionamiento del grupo.

Por otra parte, en este tipo de grupo integrado se pretende que en un periodo de 6 a 18 meses, el niño con dificultades en el aprendizaje pueda superar sus problemas básicos y continuar sus estudios.

Cómo ingresar a un grupo integrado

Para formar parte de este tipo de grupo, antes debe detectarse a los alumnos que presenten dificultades notorias para aprender. A partir de esto, se realizará una selección para determinar quién ingresa y quién no, pues en la detección puede haber errores. Esta selección se realiza mediante:

- Un cuestionario psicopedagógico, que permite conocer la evolución escolar, familiar y social del alumno. La información será proporcionada por el maestro que lo aplicó.

- Una prueba llamada *Monterrey*, que permite evaluar los niveles de conceptualización en la lengua escrita y en el cálculo elemental. Ésta es aplicada por el personal de Grupos Integrados.

Cómo funciona el G.I.

Para su buen funcionamiento, una Unidad de GI debe estar constituida por el Director de la escuela, que tiene a su cargo de 7 a 10 maestros de grupos regulares, un psicólogo, un maestro especialista en lenguaje y un trabajador social, quienes se encargarán de brindar apoyo a los maestros y asesorarán a los padres de familia para ayudar a sus hijos.

Después de seleccionarse a los alumnos se organiza el GI, que funcionará con las mismas normas que los grupos regulares de la escuela, además de que se utilizarán diversos métodos y técnicas que tomen en cuenta el desarrollo integral del estudiante.

Por último, la permanencia de un alumno en este tipo de grupo dependerá de su evolución.

Cómo ingresar a un programa de educación especial

Recordemos que los artículos 15, 48 y 52 señalan que *todos* tenemos el mismo derecho de recibir educación, independientemente de las características y limitaciones que se tengan. Asimismo, en forma implícita, se reconoce el derecho de los niños con dificultades en el aprendizaje y otras personas que por sus limitaciones físicas o psíquicas tienen necesidad de una educación especial.

Por esta razón, en los servicios que brinda la DGEE no sólo se incluye a los niños con dificultades en el aprendizaje, sino que también se toma en cuenta a aquellos con necesidades especiales.

Estos chicos con necesidades especiales conforman dos grandes grupos. El primero incluye a niños cuya necesidad de educación especial es fundamental para su integración y normalización: niños con deficiencia mental, trastornos visuales y auditivos e impedimentos neuromotores.

1 *Deficiencia mental*
  definición: "una persona se considera deficiente mental cuando presenta una disminución importante y permanente en su capacidad para aprender, acompañada de alteraciones en su comportamiento".

2 *Trastornos visuales y auditivos*
  definición: "personas que poseen una disminución visual y auditiva tal, que les es difícil o imposible aprender".

3 *Impedimentos neuromotores*
  definición: "niños con alteraciones en el sistema central".

El segundo grupo incluye aquellos niños cuya necesidad de atención es transitoria y complementaria a su evolución pedagógica normal. En éste se encuentran: dificultades de aprendizaje, dificultades en el lenguaje y trastornos de la conducta.

1 *Dificultades de aprendizaje*
  definición: "aparecen en la propia escuela regular como resultado de la aplicación de métodos inadecuados y las que se originan en alteraciones

nerviosas que afectan los procesos de aprendizaje".

2 *Dificultades en el lenguaje*
   definición: "alteración en la adquisición y desarrollo del
   lenguaje".

3 *Trastornos de la conducta*
   definición: "alteraciones en el comportamiento que afectan a otros".

6 ¡NO ERES RETRASADO!

Quizás otros niños te llamen "retrasado" porque tienes DA. Algunos sencillamente son malos y quieren hacerte sentir mal. Sólo se burlan de quien pueden.

Quizá conozcas algún débil mental. Muchos son buenos y pueden aprender muchas cosas. Pero puedes darte cuenta de que son diferentes a ti.

Esto es lo que Laura hace cuando otros niños se burlan de ella:
"Algunas veces los niños me dicen que soy retrasada porque voy a clases DA. Yo pienso 'olvídalos' o simplemente los ignoro."
Laura, 12 años

Las bromas de los demás niños pueden hacerte recordar que tienes dificultades para aprender. Quizás algunas veces te preguntes si realmente eres retrasado.

Si tienes dudas al respecto, te puedes hacer las siguientes preguntas, que te ayudarán a ver por qué eres diferente a los débiles mentales.

¿CUÁN LISTO ERES?

Recuerda, debes ser tan listo como la mayoría de los demás niños para poder asistir a clases DA. Incluso algunos chicos con DA son más listos que los demás, y pueden tomar clases de DA y clases para superdotados.

Puedes aprender lo mismo que los otros chicos. Sólo que aprendes en forma diferente.

¿CUÁNTO PUEDES APRENDER?

Si tienes DA, probablemente tengas "altibajos de aprendizaje".

Unos días te resulta difícil aprender algo nuevo, como la multiplicación. Puedes tratar y tratar, pero enfrentas dificultades para lograrlo. Y un día, de pronto: ¡entiendes! Resuelves diez problemas de matemáticas y ¡LOS HACES BIEN!

Los niños retrasados también tienen dificultades para aprender cosas nuevas. Pero, por más que lo intenten, hay algunas que nunca podrán aprender. Los niños con retraso superficial pueden llegar a aprender lo mismo que un alumno de cuarto, quinto o sexto año de primaria que no tenga retraso. Pero los niños con DA pueden aprender *mucho* más.

¿A QUÉ SALÓN DE CLASES VAS?

La mayoría de los niños con DA pasan buena parte de su tiempo en los salones regulares. Aprenden las mismas cosas que los otros niños. Asisten al salón DA o al de apoyo sólo para obtener ayuda extra.

Los débiles mentales usualmente tienen sus propios salones. No aprenden las mismas cosas que los alumnos de los salones regulares. Pero pueden integrarse a las clases regulares para aprender cosas como arte, música o gimnasia.

¿CÓMO TE IRÁ AL SALIR DE LA ESCUELA?

Casi todos los niños con DA tienen dificultades en la escuela. Pero con la ayuda adecuada, la mayoría la termina, encuentra trabajo, se casa y tiene hijos. Incluso unos estudian alguna carrera universitaria. En otras palabras, la mayoría de los niños con DA pueden crecer y llegar a ser independientes.

Independiente (o autónomo)
significa:
"ser capaz de vivir por su cuenta y cuidar de sí mismo".

Los débiles mentales tienen grandes dificultades para alcanzar la independencia. Con ayuda especial, algunos pueden llegar a vivir por su cuenta, e incluso unos cuantos se casan.

Pero la mayoría de ellos no pueden vivir solos, ni siquiera cuando sean adultos. Algunos débiles mentales adultos viven con sus padres. Otros en grupo en lugares especiales. Aunque algunos tienen empleo, muchos no pueden trabajar en absoluto. Casi todos necesitan cuidados extra durante toda su vida.

¿PUEDES APRENDER?

Un débil mental aprende todo con lentitud. Y hay algunas cosas que no puede aprender por completo.

Aunque a ti te resulte difícil aprender, puedes hacerlo. Simplemente, aprendes diferente; con lentitud algunas cosas y otras con rapidez. ¡Pero puedes aprender casi cualquier cosa!

Como verás, existen muchas diferencias entre los niños con DA y los niños retrasados. ¡Tú **no** eres retrasado!

7 CÓMO MANEJAR LOS SENTIMIENTOS DE TRISTEZA, DOLOR Y ENOJO

Gary comenta: "Hace algún tiempo, vinieron a verme los padres de un niño llamado Luis. Me dijeron que su hijo, quien tenía ocho años de edad, tenía miedo de ir a la escuela. Todas las mañanas lloraba y no se subía al autobús escolar. Su mamá tenía que llevarlo en auto.

"En la escuela, Luis lloraba en silencio en su pupitre. Su mamá, su papá y su maestra decían que tenía muchos amigos y que era bueno jugando béisbol. Pero él no podía decir a nadie por qué no quería ir a la escuela.

"Hablé con Luis una vez a la semana durante dos meses. El niño comenzó a ir a la escuela sin llorar. Sin embargo, aún no era feliz; pero seguía sin poder decirme por qué no quería estar en la escuela.

"Finalmente decidí evaluarlo, pues parecía tener ciertas dificultades con la lectura. Descubrí que tenía DA.

"Bueno, pues se dio a Luis la ayuda que necesitaba en la escuela. Yo seguí trabajando con él para ayudarle a hablar sobre sus sentimientos y a sentirse mejor consigo mismo.

"Con la ayuda especial en el colegio y la oportunidad de hablar respecto a sus sentimientos, Luis se sentía mucho más feliz en la escuela. De hecho, su madre me dijo que esperaba con ansia el día siguiente."

POR QUÉ LOS NIÑOS CON DA SE SIENTEN ASÍ

Muchos niños con DA se sienten infelices. Piensan que no aprenden con la rapidez suficiente. Algunos tienen dificultades para pasarla bien en la escuela, como para sentarse y estarse quietos. Otros niños se ríen de las cosas que dicen y hacen. Y los niños con DA se sienten tristes, heridos y enojados.

Lee lo que nos dicen estos niños:

"No es agradable tener DA. Me enoja. No me gusta cómo hablo."
Juan, 11 años de edad

"Hablo con lentitud. Los niños me ganan."
Cristina, 11 años de edad

*"Los niños son malos conmigo. Me dicen cosas
feas como 'estúpido'. Mis hermanos siempre se
burlan de mí por la manera en que hablo. Me
enojo porque no hablo bien. No me gusta.
Me gustaría ser como los demás niños."*
R.J., 11 años

Cuando los niños sienten tristeza, dolor y enojo, en ocasiones lloran y dicen que no quieren ir a la escuela, como
Luis, incluso pueden enfermarse intencionalmente. Algunos se enojan con sus padres, maestros, hermanos, hermanas o con otros niños. Otros se meten en líos o dejan de es-
forzarse por cumplir con sus tareas escolares.

Algunas veces, aparentemente nadie comprende o se
interesa por lo que sucede. Ya que los otros niños, como los
maestros y los padres, no entienden.

A menudo, los niños con DA no comprenden por qué
se sienten tristes, heridos y enojados. El maestro o uno de
sus padres les dice: "¿Por qué tiraste ese libro?" y el niño
con DA contesta: "No lo sé". Dice la verdad. A estos chicos
les resulta difícil explicar qué es lo que sienten en ese momento.

Cuando los niños no pueden hablar con nadie de sus
sentimientos de tristeza, dolor y enojo, éstos no desaparecen. (Lo mismo sucede con todos nosotros, no sólo con los
niños.) Por esa razón siguen sintiéndose tristes, heridos y
enojados. Les resulta difícil divertirse. Se les dificulta hacer
sus tareas escolares. También les es difícil pensar en cualquier cosa que no sea sus sentimientos. A esto le llamamos
"sentirse deprimido".

Deprimido
significa:
"sentirse triste todo el tiempo".

Seis sugerencias para ayudarte a sentirte mejor

¿Te sientes deprimido regularmente? Estas seis sugerencias pueden ayudarte a sentirte mejor.

1. Conversa con un orientador.

Orientador (o psicólogo)
significa:
"alguien que ayuda a las personas escuchándolas y dándoles consejos."

Muchas escuelas tienen orientadores capacitados para ayudar a los niños que se sienten deprimidos. Otros pueden trabajar en oficinas.

Di a tus padres que te gustaría hablar con un orientador. Tu maestra o la directora de la escuela pueden darte algunos nombres. Quizá el médico de la familia pueda ayudarte a encontrar uno.

Aunque no estés seguro de lo que quieres decir, el orientador puede ayudarte a expresar lo que sientes. Quizá necesites verlo varias veces antes de empezar a sentirte mejor.

2. Dibuja tus sentimientos.

Si tienes dificultades para hablar de lo que sientes, intenta dibujar imágenes que lo muestren. Para muchos niños con DA esto les resulta más fácil que hablar. Puedes mostrar los dibujos a un orientador o algún adulto en quien confíes.

3. Intenta escribir un libro sobre ti.

Puedes escribir un libro sobre ti o dibujarlo. Tal vez puedas combinarlo con texto y dibujos.

Tu libro puede tener las siguientes partes:

Capítulo 1: Las cosas que más me gustan de mí mismo
Capítulo 2: Las cosas que me gustaría cambiar de mí mismo
Capítulo 3: Cosas que me hacen sentir feliz
Capítulo 4: Cosas que me hacen sentir triste, herido o enojado
Capítulo 5: Cómo quiero ser en diez años

4. Haz algunos ejercicios diciéndote "Me gusto".

Si ejercitas tus brazos, los músculos de éstos obviamente crecerán. Si ejercitas la parte de tu cerebro que corresponde a "Me gusto", ésta se fortalecerá.

Éstos son algunos ejercicios de este tipo que puedes intentar.

- *En la mañana*:
  —Mírate al espejo y encuentra cinco cosas que te gusten de ti. Di cada una de ellas en voz alta, "Me gusta mi   ".
  —Piensa en cinco aspectos en que te gustaría ser mejor. Dilas también en voz alta.
- *Por la noche*:
  —Mírate al espejo y cuéntate a ti mismo cuán bien te fue ese día. Di: "Hoy mejoré en   ".

Haz estos ejercicios todas las mañanas y las noches hasta que te sientas mejor. Si te gustan, continúa haciéndolos.

5. Vive la vida un día a la vez.

¿Piensas algunas veces que NUNCA saldrás de la escuela?
¿Te preocupa la preparatoria? ¿Te preguntas si alguna vez
serás independiente?

Preocuparse no ayuda. Trata de no preocuparte por el
futuro. Más bien, cada mañana prométete a ti mismo que
HOY harás tu mejor esfuerzo.

6. Sé paciente.

Cuando estés molesto y quieras darte por vencido, piensa en
esto: muchas personas con DA no se rindieron. Un poco
más adelante podrás leer sobre algunos de ellos.

Recuerda que no irás a la escuela por siempre. También recuerda que casi todos tus maestros se interesan por ti

y quieren que aprendas. La mayoría de los padres aman a sus hijos y también quieren ayudarlos.

Pero, más que nada, recuerda que eres especial. Nadie es igual a ti. Mira tu interior y ve todo lo bueno que hay en él. No te tomes con demasiada seriedad. Aprende a reírte de ti mismo. ¡Sé paciente!

En las páginas 110 a 116 de este libro presentamos una lista de cosas que pueden orientar a otras personas para *ayudarte* a sentirte mejor. Muéstrasela a tus maestros y a tus papás.

PERSONAS CON DA QUE NUNCA SE DIERON POR VENCIDAS

Nelson Rockefeller
Llegó a ser vicepresidente de los Estados Unidos y gobernador de Nueva York.
Tuvo serias dificultades para leer.

Thomas Edison
Fue un gran inventor norteamericano.
La gente pensó que era retrasado.

Ann Bancroft
Pasó más tiempo en la escuela porque tenía dificultades para aprender a leer. Fue la primera mujer en llegar al Polo Norte. Viajó con la expedición Will Steger en 1986.

Woodrow Wilson
Llegó a ser presidente de los Estados Unidos.
No aprendió a leer sino hasta que tenía 11 años de edad.

Susan Hampshire
La escuela le resultó especialmente difícil porque tenía dificultades para prestar atención.
Ha ganado tres premios Emmy por su actuación en la televisión de Estados Unidos.

Albert Einstein
Fue un genio de las matemáticas.
Tuvo dificultades con la aritmética en la escuela.

Bruce Jenner
Llegó a ser medallista olímpico de oro.
Tuvo serias dificultades de lectura en la escuela.

Greg Louganis
También llegó a ser ganador de medalla de oro olímpica.
Tuvo dificultades para hablar y leer en la escuela.

8 DIEZ ALTERNATIVAS PARA MEJORAR EN LA ESCUELA

A muchos niños con DA la escuela no les gusta. Después de todo, no es divertido tener dificultades para aprender, especialmente cuando la mayoría de los demás niños no las tienen. Quizás ésta sea la razón por la que muchos niños con DA se meten en líos en la escuela.

Algunos niños nos hablan de la escuela:

"Bueno, pues algo que yo sé es que no debería soñar despierto. Es como si estuvieras enamorado. Simplemente te quedas sentado. De esa forma no aprenderás mucho."

León, 9 años

*"Algunas veces trato de hacerme el chistoso en clase,
pero a la maestra no le causa la menor gracia."*
Daniel, 9 años

*"Cuando tengo conflictos, me siento en la esquina
del salón y leo las palmas de mis manos."*
Roberto, 10 años

A otros niños con DA *sí* les gusta la escuela. Quizá no todo el tiempo, pero sí parte de él.

Otros niños nos hablan de la escuela:

*"La directora me ayuda con lo que se me dificulta.
Mi maestra lee y habla conmigo."*
Cristina, 11 años

*"Siempre voy con la orientadora para poder salir
de mi clase, pero entonces, ella me ayuda."*
Gabriel, 12 años

Si no te gusta la escuela, puedes hacer algo al respecto. Hay alternativas para mejorar en ella. Éstas son diez que tú puedes intentar.

1. Cuando las cosas se pongan difíciles: ¡habla!

A menudo, los niños con DA no comparten sus sentimientos con los demás. Se sienten tristes, heridos y enojados pero se guardan estos sentimientos en su interior.

Recuerda que es difícil guardarse los sentimientos. Tarde o temprano, saldrán. En ocasiones lo hacen en formas muy extrañas. Algunos estudiantes con DA dejan de hacer sus tareas escolares, tiran cosas, se meten en pleitos o contestan mal a sus maestros. Entran en conflictos y se sienten aún peor.

Cuando te sientas triste, herido y enojado, ¿por qué no encontrar a alguien con quien hablar? ¿Qué te parece un orientador escolar, un maestro, el portero, un ayudante, el conductor del autobús o un amigo? Elige a quien te caiga bien, alguien que comprenda. Después, ve y habla con esa persona.

2. ¡Mantén la cabeza en alto!

Tener DA no es nada de lo que haya que avergonzarse. Si alguien te pregunta por qué asistes a clases especiales: ¡díselo! (claro, si tienes ganas de hacerlo). Míralo a los ojos y dile: "Tengo dificultades para aprender". O bien, "Aprendo en forma diferente. Las clases especiales me ayudan a hacerlo".

Debes creer que eres importante *y actuar* de acuerdo con ello. Cuanto más lo hagas, más serás tratado como una persona importante por los demás.

3. Conviértete en un experto.

Un experto es alguien que domina algo. Los niños con DA pueden hacerse expertos, de igual forma que los demás.

Piensa en algunas cosas en las que se interesan los chicos de tu edad. ¿Qué te parece coleccionar tarjetas de béisbol? ¿Escuchar grupos de rock? ¿Construir modelos? Escoge algo que te guste y que también le guste a otros compañeros.

Después, averigua todo lo que puedas al respecto. Pide a tu maestra y a tus papás que te ayuden.

Ésta es una buena forma de mostrar que los niños con DA pueden ser listos. También sirve para mejorar la atención. Cuando seas experto, los demás te pedirán ayuda.

4. Participa en actividades escolares.

La escuela es más divertida cuando haces otras cosas aparte de las tareas. Participa en actividades escolares como en la representación de obras teatrales, clubes o deportes. Ofrece tu ayuda para planear las actividades de la escuela. Informa a tus maestros de tu deseo de ayudar.

5. Aprende más sobre DA.

Averigua lo más que puedas sobre tu clase de DA y las maneras en que aprendes. Cuando tengas maestros que no entiendan qué es DA, podrás explicárselos. Esto les ayudará a hacer planes para ti.

En las páginas 97 a 103 de este libro incluimos una parte llamada "Diez cosas más que quizá quieras saber sobre DA". Léela y muéstrasela a tus padres y maestros.

6. Haz amigos.

Algunas veces los niños con DA sólo se hacen amigos entre sí. Es bueno tener amigos con DA. Pero sería mejor tener amigos sin DA.

En el capítulo 10 de este libro te hablaremos sobre algunas formas de hacer amigos de ambas clases. Si quieres leer sobre ellas ahora, lee las páginas 75 a 76.

7. Da tu ayuda.

Muchos niños con DA sienten que siempre están pidiendo ayuda. Parece que son los únicos que lo hacen.

¡Tú también puedes ayudar! Quizá puedas ayudar a niños más chicos a aprender cosas que tú ya sabes. O ayudar a otro compañero de tu clase con algo en lo que tú seas bueno. Si sabes que puedes hacerlo: ¡díselo a alguien! Ofrece tu ayuda.

8. Aléjate de los problemas.

Para muchos chicos con DA, el trabajo escolar es difícil y aburrido, por lo que cuando otros niños empiezan a echar relajo, ellos se les unen. (Después de todo, echar relajo es más divertido que trabajar.)

Esto no es una buena idea. Enoja a los maestros y padres.

Si ves que otros niños andan perdiendo el tiempo, ignóralos. Continúa haciendo tus tareas. Así no te meterás en problemas.

9. Aprende a relajarte y tranquilizarte.

Piensa en la última vez que trabajaste en algo muy difícil que no entendías. Quizá te enojaste y disgustaste.

¿Qué hiciste después? ¿Fingiste continuar trabajando cuando en realidad ya no lo hacías? ¿Gritaste? ¿Tiraste el trabajo al piso? ¿Te diste por vencido? ¿Lloraste? ¿Te fuiste a casa?

Estas cosas no te ayudarán a mejorar en la escuela. Necesitas encontrar otras cosas qué hacer en vez de ellas.

Quizá puedas levantar la mano y pedir ayuda a tu maestra. Pero, ¿y si está ocupada? Entonces lo que necesitarás es ayudarte tú mismo.

Éstas son dos maneras en que puedes hacerlo.

- Cierra los ojos, respira profundo tres veces, y cuenta hasta diez muy lenta y calmadamente. O...
- Di "Relájate" a ti mismo cinco veces, muy lenta y calmadamente.

Cuando empieces a sentirte mejor, intenta de nuevo hacer tu trabajo.

Gary cuenta: "No soy bueno para armar cosas. Siempre me pone nervioso y me hace sentir tonto. Pero algunas veces tengo que hacerlo.

"El verano pasado compré un asador para exteriores el cual se suponía que tomaba dos horas armar. ¡A mí me tomó DOS DÍAS!

"Cuando era niño hacía el intento de armar cosas. Me enojaba tanto que las tiraba y gritaba, lo cual no era muy provechoso.

"Ahora leo un par de veces cada una de las instrucciones. Observo los dibujos con detenimiento. Y trabajo con lentitud. Me fijo metas cortas, cosas que sé que puedo hacer con seguridad, como poner las patas al asador. Después de cumplir una meta, me doy un breve descanso como premio.

"Si me siento muy presionado, dejo de trabajar un rato. Luego hago unas respiraciones profundas y leo nuevamente las instrucciones.

"Todavía no soy muy bueno para armar cosas pero he mejorado. Y ya no me enojo tanto."

10. ¡No uses las dificultades para el aprendizaje como una excusa!

Algunos niños usan las DA como excusa para no hacer su trabajo.

Tal vez un chico tenga que hacer una tarea de ciencias naturales pero en la televisión exhiben una película que quiere ver. Y en vez de hacer su tarea, prefiere ver la película. Al día siguiente, dice a su maestra: "Olvidé hacer la tarea porque tengo DA".

Quizá otro chico tiene que estudiar una lección de matemáticas. Pero no quiere hacerlo y dice a su maestra: "No soy bueno en matemáticas porque tengo DA".

Podría ser el caso de otro niño que va a tener una prueba de ortografía y no quiere prepararse para ella. Prefiere salir a jugar, y dice a su maestra:

"Las pruebas de ortografía me molestan porque tengo DA".

NUNCA utilices tener DA como una excusa para no hacer tu tarea. A la maestra le corresponde encontrar las mejores técnicas de enseñanza, para ponerte a trabajar tan duro como puedas.

Incluso con los mejores maestros y los mejores libros, algunas cosas te resultarán difíciles. Pero NUNCA uses esto como una excusa para no intentarlo.

9 QUÉ PUEDES HACER SI OTROS NIÑOS SE BURLAN DE TI

Aunque no está bien hacerlo, los niños siempre se burlan de otros niños.

Se burlan de cualquiera que se vista, hable, se vea o actúe en forma diferente a ellos. Quizá todos hayamos sido objeto de burlas en algún momento.

Según Gary: "Era buen alumno en la escuela, pero los demás se burlaban de mí porque tengo la nariz grande".

Rhoda nos cuenta: "Por algún tiempo estuve enojada con mis padres por haberme puesto 'Rhoda Beth'. Los niños se burlaban de mí y me decían RUEDA-BEBA. Tan pronto como salí de la preparatoria, me cambié el nombre a 'Rhoda' simplemente."

Cuál es la razón por la que se burlan los niños

Parece haber tres razones principales por las que se burlan unos niños de otros:

1. Ven que otros niños lo hacen y quieren formar parte del grupo.

2. Han sido objeto de burlas e intentan herir a alguien más en la misma forma en que ellos fueron heridos.

3. Piensan que si hacen que otro se sienta mal, ellos se sentirán mejor (lo cual no es verdad).

¿Te has burlado alguna vez de alguien?
¿De qué te burlaste?
¿Se han burlado de ti alguna vez?
¿Cómo te sentiste por ello?
¿Qué burla recuerdas más: la que te hicieron
o la que hiciste?

POR QUÉ SE BURLAN DE TI

Dado que tienes DA, eres diferente a los otros niños. Recuerda que los chicos se burlan de cualquiera que se vista, hable, se vea o actúe en forma diferente a ellos. Como tú eres diferente, probablemente los niños se burlen de ti. Quizá seas objeto de muchas burlas.

- Tal vez se burlen de ti por asistir a un salón de apoyo. ("¡Es el niño que va al salón de tontos!")
- Quizá los niños te pongan apodos. ("¡Baboso! ¡Retrasado!")
- También que muchos niños te hagan saber que realizan tareas escolares más difíciles que las tuyas. ("¿Apenas estás leyendo el libro 2? Yo lo terminé el año pasado.")
- Probablemente se burlen del tipo de tareas escolares que haces. ("¡Esas son tareas de bebé!" "Eres el que peor lee de la clase.")

Cualquiera que sea la forma en que los demás niños se burlen, tú te sientes triste, herido y enojado. No es divertido ser objeto de burlas.

La buena noticia es que *puedes* hacer algo respecto a ellas. Hay cosas que puedes hacer y decir cuando otros niños se burlen de ti. Algunas no son tan útiles. Otras más o menos y unas muy útiles.

Te hablaremos de los tres tipos y cuando leas sobre ellos, pregúntate: "¿Cuáles hago yo?".

Piensa en esto:

No puedes controlar a los niños que se burlen
de ti.
Pero puedes controlar lo que tú harías
para responder a sus burlas.

Cosas no muy útiles que hacer cuando se burlen de ti

Lo que puedes hacer

Lo que puede suceder

Empezar una pelea.

Puedes salir golpeado.

Si ganas la pelea, quizá te sientas mejor por un tiempo. También podrías meterte en líos por pelear.

Si ganas la pelea, ese niño tal vez deje de burlarse de ti. Pero tal vez después alguien más, quizá más grande y fuerte, empiece a burlarse de ti.

Contestar con una burla.

El niño que se burle de ti puede ser mucho mejor en esta actividad que tú. Entonces te sentirás aún peor.

El niño puede burlarse de ti nuevamente porque tú le respondiste la primera vez.

Llorar y salir corriendo.

Ahora los niños saben que las burlas realmente te molestan, y continuarán haciéndolo.

Puedes sentirte mal por no saber defenderte.

Cosas más o menos útiles que hacer cuando se burlen de ti

Lo que puedes hacer

Lo que puede suceder

Ignorar las burlas.

Pronto las burlas cesarán. Sin embargo, algunos niños pueden continuarlas durante un buen tiempo. Pueden hacerlas más intensas si ven que tú intentas ignorarlos.

Sonreír y decir que no te molesta.

Esto es muy parecido a ignorarlas. Es difícil hacerlo. Y no es bueno esconder tus sentimientos.

Cosas muy útiles que hacer cuando se burlen de ti

Lo que puedes hacer

Párate derecho y mira al niño directamente a los ojos. Dile con voz calmada: "No me gusta que me hablen así". Después, aléjate caminando.

Lo que puede suceder

Aunque las burlas no cesen, te sentirás bien por haberte defendido. Y no te meterás en líos por pelear.

El niño que se burle podrá darse cuenta de que no puede hacerte llorar o enojar. Incluso puede dejar de intentarlo.

Tal vez tengas que repetir esto muchas veces hasta que el niño "lo entienda". Aun así, sigue siendo mejor que pelear o esconder tus sentimientos.

Habla con un adulto que te agrade y en quien confíes. Elige a una persona que sepa escuchar y que se interese por ti. Háblale de las bromas y de cómo te sientes.

¡Te sentirás mejor! Nadie ha logrado que los niños dejen de burlarse. Pero puedes hablar sobre tus sentimientos y eso siempre ayuda.

No te burles de los demás. Si tú no te burlas de nadie es menos probable que se burlen de ti.

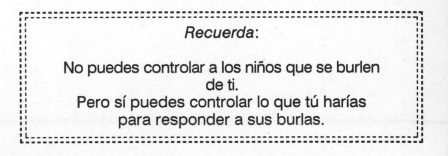

Recuerda:

No puedes controlar a los niños que se burlen de ti.
Pero sí puedes controlar lo que tú harías
para responder a sus burlas.

Lee lo que estos niños nos comentan acerca de
ser objeto de burlas:

*"Cuando me robaron todas mis crayolas,
simplemente fui con el niño que lo hizo ¡y lo
obligué a regresármelas!"*
Reinaldo, 8 años

*"Si los niños me siguen por todo el patio de juegos,
lo único que hago es avisar al maestro o
ignorarlos."*
Silvia, 11 años

*"Cuando otros niños se burlan de mí, siento deseos
de pegarles, pero trato de ignorarlos."*
Rodolfo, 11 años

*"Si otros niños me hacen enojar, hablo con mi
maestra. Ella me ayuda a descubrir qué dijeron
realmente algunos de ellos."*
R.J., 11 años

10 SUGERENCIAS PARA HACER Y CONSERVAR AMIGOS

Tener amigos hace más divertida la escuela. Pero no siempre es fácil hacer amigos. Asistir a clases DA puede hacerlo aún más difícil. ¡Pero esto no significa que no puedas hacerlo! Los niños con DA pueden tener amigos, igual que todos los demás.

Gary dice: "Cuando pienso en los niños con DA que he conocido, siempre recuerdo a Carlos. Era bueno para hacer y conservar amigos.

"Carlos tenía nueve años cuando lo evalué y descubrí que tenía DA. Contaba con muchos amigos en su salón regular. Era amigable, ayudaba a los demás y no se burlaba de nadie. Al principio no quería asistir al salón de apoyo. Pero su mamá y su papá le dijeron que tendría que hacerlo.

"Cuando Carlos comenzó a ir al salón de apoyo, hizo nuevos amigos. Pero también conservó a los anteriores.

Continuó yendo a las clases DA durante toda la primaria y la secundaria. Y siempre tuvo muchos amigos. Tenía talento para ello."

LAS "REGLAS PARA HACER AMIGOS"

Carlos también conocía las "reglas para hacer amigos". Son diferentes de otros tipos de reglas.

No las encuentras escritas en libros. No las ves en ilustraciones. Las aprendes de otras personas y de cosas que te suceden en la vida. Algunas lógicamente, cometiendo errores.

━━━━━━━━

Estos niños nos hablan de las "reglas para hacer amigos":

*"Aprendí en forma dolorosa que no debía empujar
a los niños para abajo al detenerse el autobús.
Porque después me hicieron lo mismo."*
Carla, 9 años

*"Debes respetarte a ti mismo y respetar a los demás
niños."*
David, 9 años

*"Debes ser amable y delicado con las pertenencias
de otras personas."*
Amelia, 8 años

━━━━━━━━

Algunos niños con DA tienen dificultades para entender las "reglas para hacer amigos", de la misma forma en que tienen dificultades para aprender a leer, escribir o hacer operaciones matemáticas.

FORMAS DE HACER TODO TIPO DE AMIGOS

Piensa en los amigos que tienes. ¿Son todos niños que asisten al salón de apoyo? Como ya dijimos, es bueno tener amigos con DA pero es mejor tener amigos sin DA. Lo mismo que Carlos: ¡tú puedes tener amigos de ambos tipos!

¿Cuál es la mejor forma de hacer y conservar amigos? Siendo una persona amigable. Aquí te damos algunas sugerencias que te ayudarán a serlo.

SUGERENCIAS PARA HACER Y CONSERVAR AMIGOS

1. Observa a otros niños en clase y en el patio de juegos. ¿Hay algunos que jueguen sin burlarse ni pelearse? Probablemente resulten buenos amigos.

2. Participa en juegos en que los niños hagan filas y tengan turnos para jugar.

3. Observa qué les gusta a los demás niños. Averigua lo más que puedas; después podrás hablar con ellos de estas cosas.

4. No intentes *hacer* que otros niños se conviertan en tus amigos, especialmente los más populares. Puedes encontrar buenos amigos en compañeros que no formen parte del "grupo popular". ¿Hay alguien que parezca tímido? Quizá esa persona esté esperando que primero *tú* actúes en forma amigable.

5. No vagues por el patio de juegos solo, esperando que alguien te invite a jugar. En vez de ello, elige un juego y pídele a alguien que lo juegue contigo.

6. Cuando juegues con otros niños, diles cosas agradables, espera tu turno y sé buen deportista (hay que saber perder).

7. No presumas ni te metas en líos para llamar la atención.

8. A la mayoría de las personas les gusta hablar de sí mismas. Haz preguntas a los demás niños sobre lo que les gusta hacer. O pregúntales sobre sus programas de televisión, deportes o juegos preferidos.

9. Sé amigable, comparte tus cosas y no te burles de nadie. Trata a los demás niños en la forma en que quieras que ellos te traten. (Es cierto: ¡Ésta es la Regla de Oro!)

10. Acéptate. A los niños les caen bien los niños que se aceptan.

11 OCHO ALTERNATIVAS PARA MEJORAR TUS RELACIONES EN CASA

Ahora ya sabes que no eres estúpido. Sabes que estás haciendo las cosas lo mejor que puedes. Pero quizás otras personas no lo sepan. Tus padres, por ejemplo.

Tal vez tus padres te hayan dicho: "Sabemos que puedes hacer cosas tan bien como los demás niños SI TRABAJAS DURO". Probablemente no sean los únicos que piensen así. Algunas veces los maestros dicen cosas como éstas a los padres de niños con DA:

- "A su niño le iría bien si no fuera tan flojo." O...
- "Su hija es bastante lista pero no presta atención en la clase." O...

- "Su niño podría hacer bien sus tareas si se interesara más y 'payaseara' menos."

Entonces los padres dicen a sus hijos: "Eres un flojo". "No prestas atención en clase". "No te interesa la escuela. Te la pasas payaseando".

Cuando esto sucede, los niños se disgustan. Si te ocurre a ti, probablemente te enojes. Aunque te esfuerces en la escuela: ¡sigues teniendo dificultades en casa!

Quizá todo comienza justo al salir de la escuela. Tan pronto llegas a casa, tu mamá o tu papá te recibe en la puerta y quiere que hagas tu tarea ¡AHORA MISMO! Parece que *nunca* te dejan en paz.

Los veranos no son mejores. La mayoría de los niños hacen lo que quieren en esta temporada. Ni siquiera piensan en la escuela durante DOS MESES ENTEROS. Pero, ¡tú sí tienes que asistir a los cursos de verano!

———

Estos niños nos hablan de sus padres:

*"Mamá se interesa en mí, intenta ayudarme. Pero
mi papá no comprende lo que me pasa.
Me pone nervioso. Cree que oigo bien."*
Jesús, 11 años

*"Mi mamá y mi papá se sienten contentos porque
estoy aprendiendo. Pero quieren que lo haga
todavía mejor. A veces se molestan conmigo
porque no entiendo lo que quieren."*
Juan, 11 años

*"Cuando estoy con mis padres me comporto como
soy; si se molestan generalmente los escucho, pero
algunas veces simplemente los ignoro."*
Silvia, 12 años

¿Por qué tus padres te presionan para hacer mejor las
cosas todo el tiempo? Saben que no eres estúpido. Quieren
que seas la mejor persona posible. Piensan que si trabajas
más duro, te irá mejor.

Los padres no siempre entienden que los niños SÍ trabajan duro en la escuela. No saben que necesitan tiempo
para RELAJARSE.

Quizá tú y tus padres se enojan mutuamente. Ellos te
gritan, tú les gritas. Y llega la gran pelea.

Pero pelear no ayuda. Hablar es mejor, sobre todo de
tus sentimientos. Intenta decir a tus papás cómo te sientes.
Diles cuán duro trabajas en la escuela y que no quieres tener
momentos difíciles en casa.

Es fácil decirlo, ¿verdad? Hacerlo no lo es tanto, pues
es difícil expresar tus sentimientos en voz alta. Muchos niños con DA tienen los mismos problemas con sus padres.

Éstas son algunas ideas para compartir con tus papás.
Todas son alternativas para mejorar las relaciones en casa.
Si simplemente no puedes hablar con tus padres, quizá pue-
das mostrarles estas ideas.

1. Di a tus padres que necesitas tiempo para relajarte.

La mayoría de los padres salen a trabajar. Cuando llegan del
trabajo, ¿siguen trabajando en lo mismo? No. No es divertido trabajar en lo mismo 16 horas al día.

Ir a la escuela es tu trabajo. Si además tienes que hacer tareas toda la tarde, esto equivale a trabajar todo el tiempo. Esto no significa que nunca debas hacer tus tareas. Lo que quiere decir es que también debes tener tiempo para relajarte. Y en la casa debes relajarte más que trabajar.

2. Habla con tus padres cuando tu tarea requiera demasiado tiempo.

Hacer la tarea puede ser una buena práctica para ti. Y probablemente tus padres piensen que es algo importante. Quizá se aseguren de que tú la hagas todas las noches.

Pero, ¿sientes que dedicas TODO tu tiempo a hacer la tarea y NO te queda tiempo libre? Entonces, requiere demasiado de tu tiempo. Para averiguar por qué, pregúntate lo siguiente:

- ¿Es difícil entender lo que se supone debes hacer?
- ¿Se te dificulta escribir con claridad?
- ¿Te es muy complicado alinear los números para las operaciones matemáticas?
- ¿Estás cansado de hacer tareas todo el día?

¿Contestaste SÍ a alguna de estas preguntas? De ser así, habla con tus padres o maestros. O pide a tus padres que hablen con tus maestros, y les informen del tiempo que te lleva hacer la tarea.

Tú también necesitas tiempo para ti. Pregunta a tus padres y maestros si puedes elaborar un plan que te permita hacer tu tarea y te deje tiempo para ti.

Rhoda nos cuenta: "Cuando mi hijo Carter estaba en primero de secundaria, llegaba diario a casa con 50 ó 100 problemas de matemáticas. Generalmente, él y yo trabajá-

bamos en ellos hasta que llegaba la hora de acostarse. Pero no lograba terminarlos todos.

"Pronto empezamos a enojarnos. Incluso llegamos a gritarnos.

"Finalmente, llamé a la maestra de matemáticas de Carter y le expliqué lo que sucedía. Le pedí que le dejara menos problemas de tarea.

"También decidí que era responsabilidad de Carter terminarla. No era mi trabajo asegurarme de que lo hiciera. De ahora en adelante, dije, Carter se haría cargo de sus propias tareas.

"Al día siguiente, mi hijo llegó a casa nuevamente con 50 problemas de matemáticas. Trabajó en ellos durante un tiempo. Después los dejó para hacer lo que quería hacer.

"Desde ese momento y hasta que terminó la secundaria, Carter se hizo cargo de su propia tarea. No siempre recibía las mejores calificaciones, pero era más feliz. Y yo también."

3. Da a tus padres las buenas nuevas respecto a ti.

Algunas veces se pide a los padres que acudan a la escuela para enterarse de las malas noticias. Quizá sus hijos no estén cumpliendo con las tareas. Quizás estén payaseando. Tal vez contesten mal a sus maestros.

A los padres les resulta difícil enterarse de las malas noticias. Algunos escuchan más malas que buenas.

Da a tus padres las buenas nuevas respecto a ti. Diles las cosas que haces bien cada día. Por ejemplo, que vas mejorando en tu trabajo escolar. Que la maestra te dijo algo agradable o que has hecho un nuevo amigo.

¿Y si llaman a tus padres a la escuela? Pueden pedir escuchar lo bueno de ti, y no sólo lo malo. Pueden decir a los maestros cosas buenas sobre ti. Quizás ellos piensen que eres flojo o que no te esfuerzas lo suficiente. Tal vez no te comprendan. Tus padres pueden ayudar, diciéndoles cómo eres en realidad.

4. Descansa cuando lo necesites.

En ciertos momentos puedes sentirte tan disgustado que lo único que quieres es gritar, correr y esconderte.

Cuando te sientas así, toma un descanso. Sal a caminar. Enciérrate en tu habitación a escuchar música. Sal a montar bicicleta. Ve a pescar.

Haz algo que te guste hacer. NO hagas tus tareas escolares.

5. Elabora un plan para el uso de tu tiempo.

Una manera de lograr hacer las cosas es que elabores un plan para el uso de tu tiempo.

¿Tienes problemas para recordar qué tareas escolares debes hacer en la casa? Haz una lista de ellas e incluye todo lo que necesitas traer a casa. No olvides la lista. Señala cada cosa que hagas.

Decide a qué hora harás tu tarea escolar. ¿Cuando llegues a casa? ¿Después de cenar? Escoge un momento en el que haya alguien más que pueda ayudarte si lo necesitas.

Antes de empezar tu tarea, consigue todo lo que requieras: lápices, libros, papel. ¿Qué más? Apaga el televisor y el radio. No llames por teléfono a tus amigos. Quizá puedas poner un letrero de NO MOLESTAR en la mesa. Y entonces, ¡MANOS A LA OBRA!

6. Come bien.

¿Sabías que la comida "chatarra" como las papas fritas, las palomitas y los dulces dificultan pensar? La comida sana, como las frutas y los vegetales, puede ayudarte a pensar mejor.

Si necesitas un bocadillo, come lo bueno, evita la comida chatarra. ¡Hazle un favor a tu cerebro!

7. Busca un pasatiempo.

Busca algo que te guste hacer para que libere a tu mente de la escuela. Cuida una mascota. Colecciona piedras. Aprende a usar una computadora.

Buscar un pasatiempo te proporcionará también algo que compartir con los demás. Quizá llegues a convertirte en un experto.

Recuerda que ser experto es una buena manera de mostrar que las personas con DA pueden ser listas. También es una buena forma de mejorar la atención.

8. Consigue un empleo.

Reparte periódicos. Cuida niños. Corta el césped del vecino. Colecciona y vende latas.

Conseguir un empleo te ayudará a alejar tu mente de la escuela. Te ayudará a pensar en lo que quieres hacer cuando la termines. También podrás ganar algo de dinero.

En las páginas 116 y 117 presentamos una sección llamada "La casa y la tarea". En ella hablamos de algunas de las cosas que hemos visto en este capítulo. Muéstrasela a tus padres; puede ayudarles a entender por qué necesitas tiempo de descanso de las tareas escolares. Y por qué el hogar debería ser un sitio donde relajarse.

12 ¿QUÉ SUCEDE CUANDO CRECES?

En este momento quizá pienses: "¡Nunca saldré de la escuela!" Pero antes de que te dés cuenta, la habrás terminado y habrás crecido. Tal vez creas que una vez que salgas de la escuela terminarán todas tus dificultadcs. No tc presionará ningún maestro. No te molestarán tus padres. Vivirás por tu cuenta. ¡Podrás hacer lo que quieras!

Sin embargo, no es así. Ser adulto no es cosa fácii. Hacer sólo lo que quieres puede meterte en dificultades. Cuando te conviertes en adulto, debes cuidar de ti mismo. Hay muchas cosas que los adultos deben hacer en las que quizá tú no pienses ahora. Es importante saber estas cosas si deseas llegar a ser independiente.

Te diremos algunas cosas que los adultos deben hacer. También te diremos algunas que tú puedes hacer para prepararte para ser adulto. Hay muchas que puedes hacer ahora mismo. Y otras que podrás hacer cuando tengas edad suficiente.

UN ADULTO PUEDE HALLAR EMPLEO

Ahora mismo, puedes:

- Investigar sobre diferentes tipos de empleo haciendo preguntas a la gente sobre su trabajo.
- Practicar el llenado de solicitudes de empleo.
- Aprender a leer los anuncios de los periódicos.
- Hablar con un orientador ocupacional sobre la manera de encontrar empleo.
- Practicar la búsqueda de empleo con tu papá, tu mamá, tu maestro o un adulto que conozcas que tenga un negocio propio.
- Hacer trabajo voluntario.

Cuando tengas edad suficiente, podrás:

- Hallar un empleo por tu cuenta.
- Ser un buen trabajador. Para serlo, debes:
  — hacer siempre lo que digas que vas a hacer.
  — ser puntual en el trabajo.
  — aceptar sugerencias útiles de otras personas.
  — admitir los errores que cometas. No culpes de tus errores a alguien o a algo.

UN ADULTO PUEDE MANTENER UNA CASA

Ahora mismo, puedes:

- Ayudar con el trabajo de la casa. Puedes:
  — lavar el baño.
  — aspirar o trapear los pisos.
  — sacudir los muebles.
  — segar el césped.
  — regar las plantas.
- Mantener limpio y ordenado tu cuarto.

Un adulto puede administrar dinero

Ahora mismo, puedes:

- Pedir a tus padres cierta cantidad de dinero para gastar, para que aprendas a administrar dinero.
- Pagar algunas de tus propias prendas de vestir, el cine y otras cosas que desees.
- Ahorrar en el banco parte de tu dinero.
- Abrir una cuenta bancaria y aprender a expedir cheques.
- Comenzar a planear maneras en que puedas necesitar dinero en el futuro. ¿Estudiarás la universidad? ¿Querrás tener un auto?

Un adulto puede comer bien

Ahora mismo, puedes:

- Planear una comida.
- Hacer una lista de compras.
- Comprar abarrotes, incluyendo una buena cantidad de alimentos sanos como frutas y vegetales.
- Aprender a cocinar. Incluso puedes tener la comida preparada para tus papás cuando lleguen a casa del trabajo.

- Alejarte de la comida chatarra como los dulces, las papas fritas y las palomitas. Aparte de que son muy caras, no son buenas para tu salud.

UN ADULTO PUEDE VERSE BIEN

Ahora mismo, puedes:
- Bañarte todos los días.
- Cortarte el cabello cuando lo necesites.
- Aprender a lavar tu ropa.
- Cepillarte los dientes, asearte con frecuencia, y usar desodorante si lo necesitas.

UN ADULTO PUEDE ANDAR POR TODA LA CIUDAD

Ahora mismo, puedes:
- Aprender a usar un autobús o un taxi.
- Aprender a leer mapas.

Cuando tengas edad suficiente, podrás:
- Asistir a cursos de educación vial.
- Sacar tu licencia de conductor.
- Aprender a cuidar un auto.
- Aprender a obtener un seguro de vida y uno para tu auto.

UN ADULTO PUEDE HACER AMIGOS

Ahora mismo, puedes:
- Formar un grupo de apoyo con otras personas que tengan DA. Pide ayuda a tus padres para iniciarlo o al psicólogo del salón de apoyo de la escuela.

  Un grupo de apoyo es un lugar donde se reúnen personas con algo en común. Celebran reuniones en las que hablan y se hacen amigos. Un grupo de apoyo es un sitio seguro para hablar de dificultades o de cosas que te preocupen. También es un buen lugar para divertirse.

- Inscribirte en algún club donde se hagan cosas que tú disfrutes, como la observación de pájaros, el ciclismo o el excursionismo.
- Acudir a una iglesia.
- Enlistarte como trabajador voluntario en un hospital o clínica.
- Llevar comida caliente a los ancianos.

UN ADULTO PUEDE CASARSE

Ahora mismo, puedes:
- Pedir que te hablen sobre el matrimonio a tus padres y otros adultos que te caigan bien y en quien confíes.
- Practicar la convivencia con otras personas.

UN ADULTO PUEDE FORMAR UNA FAMILIA

Ahora mismo, puedes:
- Hacer trabajo voluntario en una guardería infantil.
- Cuidar niños.
- Preguntar a tus padres qué se siente tener hijos. Pedir que te hablen de la responsabilidad que implica.

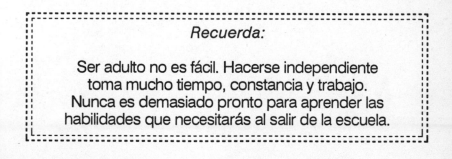

Recuerda:

Ser adulto no es fácil. Hacerse independiente toma mucho tiempo, constancia y trabajo.
Nunca es demasiado pronto para aprender las habilidades que necesitarás al salir de la escuela.

UN FINAL FELIZ: ¡TÚ PUEDES SER UN TRIUNFADOR!

Nos gustaría hablarte sobre dos personas que conocemos. Ana y Arturo son adultos con DA.

La historia de Ana

Ana terminó una carrera universitaria de seis años. Ahora es orientadora escolar. Todavía tiene dificultad con la ortografía y lee con lentitud.

Durante todos sus estudios, Ana tuvo que hacer un gran esfuerzo. Pero es brillante y también muy amigable. Ana es una persona con DA y es una triunfadora.

La historia de Arturo

Arturo asistió a un grupo de apoyo durante toda la preparatoria. Al terminarla, decidió no estudiar la universidad. Quería reparar autos.

Arturo consiguió empleo como ayudante en un taller mecánico. Siempre llegó a tiempo, trabajó duro y fue amable. Intentó también aprender lo más posible sobre el negocio, hacía preguntas y observaba con cuidado.

Pronto lo promovieron a mecánico. Lo hizo tan bien que lo nombraron supervisor del taller. Sigue teniendo dificultad para leer y algunas veces tiene que pedir ayuda. Arturo es una persona con DA y es un triunfador.

Tú también puedes ser un triunfador. No existe cura mágica para este problema. No hay pastillas, ni dieta que puedan impedir que tengas dificultades para aprender, pero esto no es obstáculo para que una persona haga grandes cosas, sea feliz y tenga éxito.

Ahora que has leído este libro, sabes que hay formas de hacer mejor las cosas en la escuela y la casa. Utiliza estas sugerencias y recuerda:

> Eres una persona con DA.
> También eres un chico fantástico.
> ¡Eres un TRIUNFADOR!

DIEZ COSAS MÁS PARA QUE AUMENTES TUS CONOCIMIENTOS SOBRE DA

Cuando los niños descubren que tienen DA, desean aumentar sus conocimientos al respecto. Las siguientes son 10 preguntas que los chicos nos han hecho sobre ello.

Si tus padres y maestros quieren tener más información sobre DA, muéstrales estas páginas.

1. ¿Es dislexia lo mismo que DA?

No. Dislexia es una clase de DA en la cual una persona tiene muchas dificultades con la lectura. Pero no todas las personas con dificultades de lectura tienen dislexia.

Sólo de uno al tres por ciento de las personas con dificultades de lectura tienen dislexia. Los demás no pueden leer bien debido a otros aspectos, entre los cuales se encuentran:

• no pueden estarse quietos en su asiento.
• no tienen interés suficiente en leer, o
• no prestan atención.

Algunas personas con DA pueden leer bien, pero tienen dificultades con otras áreas como las matemáticas, el lenguaje (hablar o escuchar) o hacer amigos.

2. ¿Tener DA significa que tengo algún daño cerebral?

Ésta es una buena pregunta. Incluso los expertos tienen dificultades para contestarla.

Hace unos 100 años, unos médicos observaron que algunos chicos listos tenían dificultades para aprender. Estos niños eran como las personas que sufren embolias, un padecimiento que ocasiona daño cerebral. Ambos tipos de personas pueden tener dificultades con el lenguaje (hablar y escuchar), la planeación y el movimiento del cuerpo.

Años más tarde, otros médicos observaron que los niños con DA eran parecidos a los soldados que recibían heridas en la cabeza. Ambos tenían muchas dificultades similares, como con el lenguaje (hablar y escuchar). Por tanto, muchos médicos actualmente creen que los niños con DA pueden tener cierto daño cerebral.

Pero otros médicos no están de acuerdo. Piensan que los niños con DA tienen dificultades porque empezaron a ir a la escuela demasiado pronto. Porque no recibieron ayuda suficiente y adecuada, de sus padres o maestros.

Quizás algunos chicos con DA efectivamente tengan daño cerebral. Pero nadie lo sabe con seguridad.

3. ¿Dejaré alguna vez de tener DA?

Ésta es una pregunta difícil de responder. La respuesta depende de muchas cosas, como:

- ¿En cuántas formas una persona tiene DA? ¿Sólo en una, como en la lectura, o en muchas?
- ¿Cuán pronto se dieron cuenta los padres y maestros? A partir de ese momento, ¿qué tipo de ayuda se ha dado a la persona con DA?
- ¿Cuánto ha ayudado la escuela? ¿Saben los maestros, el director y el psicólogo sobre DA? ¿Han intentado aprender más al respecto y entenderlo mejor?
- ¿Cuánto han ayudado los padres? ¿Cuánto saben sobre DA?
- ¿Cuán independiente se ha permitido que sea la persona con DA?
  Y, si se trata de un adulto,
- ¿Qué tipo de trabajo desarrolla? ¿Ha tenido buenas experiencias de trabajo? ¿Recibió ayuda para encontrar y elegir un empleo después de terminar la escuela?

Aunque las dificultades de aprendizaje no *desaparecen*, la mayoría de las personas que las tienen pueden hacer muchas cosas si obtienen la ayuda adecuada. Y esta ayuda debe iniciarse lo más pronto posible.

4. ¿Puedo estudiar una carrera universitaria si tengo DA?

Esta pregunta también es compleja. Depende del tipo de ayuda que obtengas y de cuán difícil te resulte el trabajo escolar. Depende de cuánto quieras asistir a la universidad y cuán importante sea una carrera universitaria para obtener el empleo que desees.

Las carreras universitarias son necesarias sólo para el nueve por ciento de los empleos. Algunas personas con DA, en efecto, terminan una carrera universitaria. Muchas otras tienen dificultades para ello y nunca acaban.

No creemos que acudir a la universidad sea algo que tengas que hacer, pues ello no significa que una persona sea más feliz y exitosa como adulto. Pero si quieres ir a la universidad, debes intentarlo. Pregunta a tus padres y maestros qué piensan al respecto. Pídeles que te ayuden a hacer el intento.

Piensa en el tipo de universidad a la que querrías ir. Hay carreras de cuatro años, de dos años e institutos de especialización.

Hay universidades a las que puedes ir por las noches y trabajar al mismo tiempo. Estas escuelas no son tan grandes ni complicadas como las universidades regulares, y puedes tomar simultáneamente otro tipo de clases. Cuando termines, puedes decidir si deseas tomar algún curso universitario adicional.

Si no deseas ir a la universidad, puedes hacer otros planes. Estudiar en una escuela técnica. Convertirte en peinador o mecánico, en ayudante de veterinario, técnico en computadoras. Trata de pensar en las cosas para las que eres bueno, y después capacítate en esa área.

5. Si tengo hijos, ¿tendrán ellos DA?

Nadie lo sabe con certeza. Es cierto que algunas familias tienen muchos parientes con DA. No sólo los hermanos y hermanas, sino también primos, sobrinos y tíos.

No sabemos por qué estas familias tienen muchos parientes con DA. ¿Lo heredaron? ¿O es porque tienen los mismos antecedentes y muchas de las mismas experiencias?

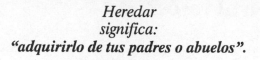

Heredar
significa:
"adquirirlo de tus padres o abuelos".

Si decides tener hijos, habla con un médico o un maestro de DA. Ellos podrán decirte más sobre tus posibilidades de tener hijos con DA.

Muchas personas con DA tienen hijos sin DA y también con DA. En lo que debes pensar es, ¿podrás amar y cuidar a un niño, sin importar nada? Esa es la decisión más importante.

6. ¿Podré trabajar y vivir en forma independiente algún día?

La mayoría de las personas con DA pueden llegar a ser tan independientes como las demás. Sólo que puede requerirse más planeación y trabajo. Por eso creemos que debes empezar a prepararte para el futuro ahora mismo.

Empieza a pensar en todo lo que necesitarás para ser un buen trabajador y vivir por tu cuenta. Procura ganar práctica trabajando lo más pronto posible. Puedes repartir periódicos, trabajar en un rancho u obtener un empleo en un restaurante de comida rápida.

Cuanto más pronto aprendas sobre el trabajo, más probabilidades tendrás de aprender las habilidades necesarias para ser un buen trabajador.

También creemos que es importante para ti aprender a tomar tus propias decisiones. Practica lo que es ser independiente lo más pronto posible. Elige la ropa que desees. Termina tú solo tus tareas escolares. Ayuda con el trabajo de la casa. ¡Hay muchas cosas que puedes hacer!

7. ¿Todos los niños con DA leen y escriben al revés?

No. Sólo unos cuantos niños con DA tienen esta dificultad, llamada "escritura de espejo". Todo lo ven como se vería en un espejo.

Muchos niños de siete y ocho años ven las letras y las palabras al revés al aprender a leer y escribir. Esto no es problema a menos que continúe conforme crezcan.

Si tú tienes esta dificultad, consulta a un psicólogo que trabaje con personas con DA. Pide al psicólogo, consejero o trabajadora social de tu escuela los nombres de algunos psicólogos y dáselos a tus padres.

Muchas veces los chicos que tienen esta dificultad pueden recibir ayuda para vencerla. Después, ya no leerán ni escribirán al revés.

8. ¿Son iguales todos los niños con DA?

¡NO! Los niños con DA pueden ser muy diferentes unos de otros (igual que los demás niños). Pero hay una manera en la que son parecidos: les es difícil aprender. Por eso asisten a las mismas clases.

9. ¿Hay más niños o niñas con DA?

Tres de cada cuatro niños con DA son del sexo masculino. Nadie sabe por qué. Quizás es más probable que los niños lo hereden (lo adquieran de sus padres o abuelos). Lo que sí sabemos es que más niños heredan problemas de salud que niñas.

Además, a menudo los niños son más activos que las niñas. Algunas veces les es más difícil quedarse quietos en su asiento en la escuela. Pueden ser más "actores" y parecer menos interesados en hacer las tareas. Los maestros y padres pueden creer que tienen DA cuando en realidad no es así.

10. ¿Debería ponerse a todos los chicos con DA en clases regulares?

No. La ley dice que a los niños debe enseñárseles en el tipo de clases adecuado para ayudarles a aprender. Algunos niños con DA aprenden más en un salón regular. Otros aprenden mejor en salones especiales.

A menudo las clases DA son mejores para aprender. Son más pequeñas, calmadas y menos confusas. Además, el maestro especializado sabe enseñar con métodos que ayudan a los niños con DA a aprender.

SECCIÓN ESPECIAL PARA PADRES Y MAESTROS

En esta sección encontrará sugerencias útiles para niños con DA, información sobre la depresión (un problema común entre los niños con esta dificultad), maneras de tratar el asunto de las tareas y una bibliografía, en caso de que quiera leer más sobre el tema.

Agradeceremos sus comentarios, ideas y recomendaciones. Por favor escríbanos.

RECURSOS DE APRENDIZAJE PARA NIÑOS CON DA

Discos y audiocasetes

Este libro en su versión original en inglés está disponible en casete.

Los niños con dificultades para leer pueden encontrar útil escuchar libros grabados en cintas o discos. En las siguientes instituciones encontrará información y listas de los libros disponibles en esta forma:

Recording for the Blind, Inc.
20 Roszel Road
Princeton, NJ 08540
Teléfono: (609) 452-0606

National Library Services for the Blind and Physically Handicapped
1291 Taylor Street NW
Washington, D.C. 20452
Teléfono: (202) 707-5100

(Solicite información sobre los *Talking Books* (Libros parlantes) de la Biblioteca del Congreso.

Libros

Visite la librería más cercana, obtenga información a través de su distribuidora preferida, o del editor, en la dirección ya proporcionada.

Male, Mary. *Special Magic: Computers, Classroom Strategies, and Exceptional Children* (Mountain View, CA: Mayfield Publishing Co., 1988). Dirección: 1240 Villa St., Mountain View, California 94041.

Kreivsky, Joseph y Linfield, Jordan. *The Bad Speller's Dictionary* (Nueva York: Random House, 1974). Dirección: Random House, Inc., 201 East 50th St., Nueva York, NY 10022.

Juegos

Para niños con DA, de cuarto año de primaria hasta la preparatoria, se cuenta con materiales de alto interés/bajo nivel de lectura: *Survival Skills: Activity Card Kits, Study Skills: Activity Binder, y Hi/Lo Reading Series*, consistentes en libros y tarjetas de actividades. Para mayor información, escriba a:

Sunburst Communications
101 Castleton Ave.
Pleasantville, NY 10570-9971
Teléfono (800) 431-1934

Programas computacionales

Consulte en su librería conocida pues en muchas encontrará programas de computadora y el equipo correspondiente para que usted pueda verlo en acción antes de comprarlo. También puede escribir a las direcciones proporcionadas a continuación. En algunos casos hemos incluido los números de catálogo.

Para los artículos del 1 al 5, escriba a:
Cambridge Development Laboratory, Inc.
Dept. NUMEROBIN
214 3rd Avenue
Waltham, MA 02154
Teléfono (800) 637-0047
En Massachusetts, llame al (617) 890-4640

Solicite el catálogo *Special Times: Special Education Software for Grades K-8.*

1. "101 Misused Words: Grades 4-8" (The Learning Seed Company). Cat. #3-LEL-03A (Apple); Cat. #3-LEL-031 (IBM). El programa ofrece 500 frases de práctica para enseñar el uso correcto de 50 pares de palabras que generalmente se confunden, como "accept-except" y "to/two/too". Incluye también una definición y explicación de cada una.

2. "Where in the World is Carmen Sandiego?" (Broderbund Software). Cat. #4-BDL-05A (Apple); Cat. #4-BDL-051 (IBM). Los estudiantes exploran grandes ciudades del mundo en animada persecución de ladrones profesionales que han robado la antorcha de la Estatua de la Libertad. Aprenden la lectura de comprensión y la geografía mundial. Adecuado para educación individual y grupal en salón de clases y en el grupo de apoyo.

3. "The Calendar: Grades 2-8" (Gamco Software). Cat. #7-GAM-05A (Apple). Permite a los alumnos combinar la práctica de habilidades para manejo del calendario con el juego. Incluye también un sistema de administración para el maestro, para integrar el aprendizaje a otras áreas de estudio, adaptando el contenido de las preguntas y la información relacionada con el calendario.

4. "Money Management" (Marshware). Cat. #3-MAM-02A (Apple). Grados 4o. a Preparatoria. Ayuda a los estudiantes a planear y controlar las finanzas personales. Los alumnos con DA de nivel intermedio pueden aprender sobre tarjetas de crédito, préstamos e hipotecas. Incluye calculadora de un renglón.

5. "Clock: Grades 1-5" (Heartsoft). Cat. #4-HTM-07A (Apple). Grades 1-4. Un programa sencillo y fácil de usar para niños que están aprendiendo a leer la hora en relojes y pantallas digitales. El sistema de administración del maestro anota el desempeño del alumno.

Para los artículos números 6-7, escriba a:
Scholastic, Inc.
2931 East McCarty St.
Jefferson City, MO 65102
Teléfono (800) 541-5513

6. "Bankstreet Writer III" Procesador de palabras de fácil aprendizaje para equipo Apple o IBM.

7. "Talking Text Writer" Un procesador de palabras que lee en voz alta cada letra, palabra o frase con voz clara.

Para el número 8, escriba a:
Sunburst Communications
101 Castleton Ave.
Pleasantville, NY 10570-9971
Teléfono (800) 431-1934

8. "Magic Slate II" Procesador de palabras de fácil aprendizaje para segundo año hasta la edad adulta. La versión de 20 columnas tiene letras grandes y comandos simplificados.

AYUDA PARA NIÑOS CON DEPRESIÓN

Los niños deprimidos pueden exhibir una amplia variedad de síntomas, haciendo difícil el diagnóstico. Lo mismo que los adultos deprimidos, los niños pueden llorar fácil y frecuentemente, tener problemas para dormir y comer, o fatigarse y enfermarse mucho. A diferencia de los adultos, los niños deprimidos algunas veces se comportan en forma hostil y agresiva. Hacen rabietas por detalles insignificantes o golpean a otras personas reaccionando a cosas sin importancia.

Obviamente, todos los niños demuestran algunos de estos síntomas en diversas ocasiones. Sin embargo, los chicos con DA tienen más probabilidades de deprimirse que otros, debido a su dificultad para comprender su condición y a las frustraciones que enfrentan.

En la mayoría de las escuelas, el orientador, psicólogo o trabajador social podrán sugerirle el mejor lugar para obtener ayuda si usted cree que su hijo está deprimido. En algunas comunidades, quizá sea necesario ponerse en contacto con un centro comunitario de salud mental o con el médico familiar para su diagnóstico y recomendaciones.

Hay materiales disponibles para ayudar al niño a comprenderse a sí mismo y para promover un concepto positivo de sí mismo. Estos materiales pueden facilitar la expresión de los sentimientos del niño.

A continuación presentamos sugerencias basadas en nuestra experiencia en el trato hacia niños con DA. A los padres, recomendamos que consulten con el maestro de su hijo y el orientador, psicólogo o trabajador social de su escuela, antes de elegir cualquier material para trabajar con él en la casa. A los maestros, recomendamos hablar con los padres, así como con el orientador, psicólogo o trabajador social de la escuela.

Libros

Canfield, J. y Wells, H.C. *100 Ways to Enhance Self-Concept in the Classroom: A Handbook for Teachers and Parents* (Englewood Cliffs, NJ: Prentice-Hall, 1976).

Freed, A.M., *TA for Teens (And Other Important People)* (Los Angeles: Jalmar Press, 1976).

Hendricks, G. y Wills, R. *The Centering Book: Awareness Activities for Children, Parents and Teachers* (Englewood Cliffs, NJ: Prentice-Hall, 1975).

Hendricks, G. y Roberts, T.B. *The Second Centering Book: More Awareness Activities for Children, Parents and Teachers* (Englewood Cliffs, NJ: Prentice-Hall, 1977).

Kaufman, G., y Raphael, L. *Stick up for Yourself! Every Kid's Guide to Personal Power and Positive Self-Esteem* (Minneapolis, MN: Free Spirit Publishing, 1990).

Marek, M. *Different, Not Dumb* (Nueva York: Franklin Watts, 1986).

Revistas

Their World. Esta revista, publicada anualmente, contiene artículos, ilustraciones y fotografías de padres, niños y profesionales, relacionados con sus experiencias con las dificultades para el aprendizaje. Se dirige principalmente a los adultos pero tiene algunos artículos de interés para niños. Para información sobre suscripciones, escriba a:

National Center for Learning Disabilities Inc. (NCLD)
99 Park Avenue

Nueva York, NY 10016
O llame al teléfono (212) 687-7211

Películas

"Learning Disabilities - First Hand" Esta película de 15 minutos analiza los obstáculos académicos y emocionales de las personas con dificultades para el aprendizaje. Para mayor información, escriba a:

Lawren Productions
930 Pitner Avenue
Evanston, IL 60202
O llame al teléfono (800) 323-9084

ORGANIZACIONES

Las siguientes organizaciones proporcionan información y apoyo para niños o adultos con dificultades para el aprendizaje y sus familias.

Learning Disabilities Association (LDA)
4156 Library Road
Pittsburgh, PA 15234
Teléfono: (412) 341-1515

Entre sus miembros se cuenta con profesionales y padres dedicados al desarrollo de la educación y el bienestar de niños y adultos con dificultades para el aprendizaje. Publica un boletín bimestral y realiza una conferencia internacional anualmente. En la organización nacional le darán información sobre sucursales regionales.

Association of Learning Disabled Adults
PO Box 9722
Friendship Station
Washington, DC 20016
Teléfono: (301) 593-1035

Un grupo de autoayuda para adultos con dificultades para el aprendizaje, proporciona ayuda a quienes desean organizar grupos similares.

CHADD
Children with Attention Deficit Disorder
300 NW 70th Ave., Suite 102
Plantation, FL 33317
Teléfono: (305) 792-8100 o (305) 384-6869

Esta organización proporciona recursos y apoyo a padres de niños que sufren deficiencia de atención.

Council for Exceptional Children (CEC)
1920 Association Drive
Reston, VA 22091
Teléfono: (703) 620-3660

Se trata de la única organización profesional en el mundo dedicada al desarrollo de la calidad de la educación para todo tipo de niño excepcional y el mejoramiento de las condiciones en que trabajan los educadores especialistas.

National Center for Learning Disabilities Inc. (NCLD)
99 Park Avenue
Nueva York, NY 10016
Teléfono: (212) 687-7211

Previamente llamada Foundation for Children with Learning Disabilities. Promueve la conciencia del público respecto a las dificultades para el aprendizaje, los desórdenes neurológicos y las deficiencias que pueden ser una barrera para la educación. Proporciona recursos y referencias a un amplio rango de voluntarios y profesionales.

Marin Puzzle People, Inc.
17 Buena Vista Ave.
Mill Valley, CA 94941
Teléfono: (415) 383-8763

Una organización de adultos con dificultades para el aprendizaje, ofrece funciones sociales, minicursos, información y servicios de referencia. Publica un boletín mensualmente y un catálogo para ayudar a quienes deseen abrir clubes en su localidad.

National Network of Learning Disabled Adults
808 N. 82nd Street, Suite F2
Scottsdale, AZ 85257
Teléfono: (602) 941-5112

Esta organización es dirigida por personas con dificultades para el aprendizaje. Proporciona ayuda a quienes deseen desarrollar grupos de autoayuda para adultos con este tipo de dificultades. Publica un boletín y una lista de grupos de autoayuda.

Orton Dyslexia Society
724 York Road
Baltimore, MD 21204
Teléfono: (301) 296-0232

Una asociación científica y educativa con padres como miembros. Se interesa en la dislexia del desarrollo. Sus sucursales estatales realizan al menos una junta o seminario para el público al año. La sociedad publica libros, paquetes y reimpresiones relacionados con la dislexia.

MÉXICO

En México, actualmente existe material educativo que se utiliza en terapias de aprendizaje:

— Educa
— Eduke
— Disset
— Ravensburger
— DLM (computadora)
— Texas Instruments
— Fernández Editores
Se pueden conseguir en:
Librería Interacadémica (libros especializados)
Av. Sonora 206, México, D. F. Tel. 264-0871.

INSTITUCIONES

En México hay instituciones que se encargan de brindar otro tipo de servicios como:
— Los **Centros Psicopedagógicos** que son unidades en las que los maestros especializados, psicólogos, médicos especializados y trabajadores sociales laboran en equipo para realizar la detección, diagnóstico individual y tratamiento multidisciplinario de niños con dificultades en el aprendizaje entre segundo y sexto grado, quienes deberán asistir 2 ó 3 veces por semana, mientras continúan acudiendo normalmente a la escuela común en otro turno.
— Las **Escuelas de Audición y Lenguaje** que se encargan de atender a los niños con dificultades en el lenguaje.
En cuanto a los Grupos Integrados, para mayor información se puede dirigir a:

— Las **Direcciones de Educación Primaria del D.F.** o la **Jefatura de Servicios de Educación Especial** (Altavista 35 1er. piso, San Angel, México D.F., Tel. 550-30-08); o en el interior de la República: la **Delegación General de la SEP del Estado** o la **Coordinación de Educación Especial del Estado.**

Por otra parte, la SEP también proporciona el servicio de G.I. a escuelas particulares en la ciudad de México, entre las que existe una llamada El Albatros, Centro Psicopedagógico del Ajusco.

LA CASA Y LA TAREA

Todos los que somos padres deseamos ser buenos padres. Pensamos que una manera es asegurarnos de que nuestros hijos hagan sus tareas.

No hay nada malo en esta forma de pensar, al menos en lo que se refiere a la mayoría de los niños. Sin embargo, si su hijo tiene dificultades de aprendizaje, quizás usted deba tener más cuidado en no presionarlo demasiado respecto a las tareas escolares.

Puesto que nuestros hijos tienen dificultades de aprendizaje, algunas veces pensamos que "podemos hacerlos" mejorar contratando a un maestro particular, asegurándonos de que hagan la tarea cada noche o inscribiéndolos en una escuela de verano. Aunque todo este énfasis en los asuntos escolares pueda mejorar sus habilidades académicas, no queremos pensar en lo que le esté haciendo a su bienestar emocional.

Para la mayoría de los niños con DA, la escuela es algo difícil. Es difícil todo el día, todos los días. Trate de imaginar lo que es sentirse frustrado todo el día y llegar a casa para ser forzado a hacer *más* tareas escolares hasta que llegue el momento de ir a dormir.

Nosotros creemos que el hogar debe ser un paraíso para los niños con dificultades de aprendizaje. El hogar debe ser un lugar en el cual se relajen. Debe ser un lugar en el que puedan ser ellos mismos. Si los maestros les dejan demasiada tarea, sugerimos que hable con ellos. Pídales que les dejen menos. ¿Por qué pedir 50 problemas de matemáticas si el alumno puede resolver 5 ó 10 correctamente? Tal vez pueda también recordar a los maestros que una tarea para la cual la mayoría de los niños necesita 15 minutos a un niño con problemas de aprendizaje le tomará una hora.

Bibliografía en inglés

Cummings, R. y Maddux, C. *Parenting the Learning Disabled: A Realistic Approach* (Springfield, IL: Charles C. Thomas, 1985).

Cummings, R. y Maddux, C. *Career and Vocational Education for the Mildly Handicapped* (Springfield, IL: Charles C. Thomas, 1987).

Kirk, S.A. y Chalfant, J.C. *Academic and Developmental Learning Disabilities* (Denver: Love Publishing Co., 1984).

Kronick, D. *Social Development of Learning Disabled Persons* (San Francisco: Jossey-Bass, 1981).

Lerner, J. *Learning Disabilities: Theories, Diagnosis, and Teaching Strategies* (Boston: Houghton Mifflin Co., 1988).

Smith, S. *No Easy Answers: The Learning Disabled Child* (Nueva York: Bantam Books, 1981).

Bibliografía en Español

Alandin González, Susana. *Los procesos de aprendizaje en el niño con problemas de comunicación humana.* Editorial Jus, 1983.

Bricklin, Borny y Patricia. *Causas psicológicas del bajo rendimiento escolar.* Editorial PAX-México, 1975

Ferreiro y Gomez Palacios. *Nuevas perspectivas sobre los procesos de lecto-escritura.* Siglo XXI.

Gearhear, B.R. *Incapacidad para el aprendizaje.* Editorial Manual Moderno, México, D.F., 1987.

Kinsbourne y Kaplan. Problemas de atención y aprendizaje en los niños, Prensa Médica Mexicana.

Nielo, Margarita. *El niño disléxico, para resolver las dificultades en la lectura y escritura.* Prensa Médica Mexicana.

Tarnopol, Lester. *Dificultades para el aprendizaje.* Prensa Médica Mexicana.

SUPERA TUS DIFICULTADES
DE APRENDIZAJE
PRIMERA REIMPRESIÓN
MAYO 15, 2001
IMPRESIÓN Y ENCUADERNACIÓN:
QUEBECOR WORLD BOGOTA, S.A.
BOGOTÁ, COLOMBIA